Robert Haringsma

Stärken Sie Ihr Selbstvertrauen!

Sich gut fühlen und mehr leisten

Ausführliche Informationen zu jedem unserer lieferbaren und geplanten Bücher finden Sie im Internet unter ↗ http://www.junfermann.de. Dort können Sie unseren Newsletter abonnieren und sicherstellen, dass Sie alles Wissenswerte über das Junfermann-Programm regelmäßig und aktuell erfahren. – Und wenn Sie an Geschichten aus dem Verlagsalltag und rund um unser Buch-Programm interessiert sind, besuchen Sie auch unseren Blog: ↗ http://blogweise.junfermann.de.

ROBERT HARINGSMA

STÄRKEN SIE IHR SELBSTVERTRAUEN!

SICH GUT FÜHLEN UND MEHR LEISTEN

Aus dem Niederländischen
von Bärbel Jänicke

Junfermann Verlag
Paderborn
2015

Die Originalausgabe ist 2012 unter dem Titel *Vergroot je zelfvertrouwen* bei Lannoo erschienen, http://www.lannoo.com.

Übersetzung Bärbel Jänicke

Coverfoto © gustavofrazao – fotolia

Covergestaltung / Reihenentwurf Christian Tschepp

Satz JUNFERMANN Druck & Service, Paderborn

Bibliografische Information der Deutschen Nationalbibliothek

Die Deutsche Nationalbibliothek verzeichnet diese Publikation in der Deutschen Nationalbibliografie; detaillierte bibliografische Daten sind im Internet über http://dnb.d-nb.de abrufbar.

ISBN 978-3-95571-419-2
Dieses Buch erscheint parallel als E-Book.
ISBN: 978-3-95571-433-8 (EPUB), 978-3-95571-434-5 (MOBI), 978-395571-435-2 (PDF).

Inhalt

Einleitung

Ziel dieses Buches

Selbstvertrauen beeinflusst unser Leben auf vielfältige Weise. Mangelndes Selbstvertrauen kann alle möglichen unangenehmen Folgen für unser Gefühlsleben und Verhalten haben. Es sorgt dafür, dass wir uns nicht im besten Licht zeigen, und es kann uns unsicher und traurig machen. Menschen mit starkem Selbstvertrauen sind dagegen glücklicher und leiden weniger unter psychischen Problemen. Sie zeigen mehr Initiative und fühlen sich unter Menschen wohler. Selbstvertrauen ist, kurz gesagt, ein Mittel zur Erreichung eines Ziels. Wir brauchen es, um uns wohlzufühlen und unser Leben gut und sinnvoll zu gestalten.

Wenn Sie dieses Buch in die Hand genommen haben, haben Sie womöglich selbst wenig Selbstvertrauen. Vielleicht suchen Sie aber auch nach einer Möglichkeit, jemandem in ihrem Umfeld dabei zu helfen, seinen Perfektionismus, seine mangelnde Selbstachtung oder seine Versagensangst zu überwinden. Oder Sie sind ein Elternteil oder ein Erzieher und suchen nach einem verantwortungsbewussten Weg, das Selbstvertrauen von Kindern zu stärken. Wie immer Ihre Frage lauten mag, Sie sind sicherlich auf der Suche nach einer klaren und gut begründeten Antwort, die Sie direkt in die Praxis umsetzen können.

Dieses Buch ist daher ausdrücklich als *Selbsthilfe-Buch* konzipiert. Ich habe es geschrieben, um Sie beim Aufbau Ihres eigenen Selbstvertrauens oder des Selbstvertrauens anderer zu unterstützen. Im ersten Kapitel gehe ich darauf ein, was genau Selbstvertrauen ist.

Danach schildere ich eine Reihe praktischer Schritte, die Sie unternehmen können, um Ihr Selbstvertrauen zu stärken. Dabei kommt unter anderem Folgendes zur Sprache:

- Praktische Aufgaben. Wissen ist wichtig, aber es bringt nicht viel, wenn man es nicht praktisch umsetzt.
- Was sind die häufigsten Fehler, wenn es um die Stärkung des Selbstvertrauens geht (und wie können Sie sie vermeiden)?
- Wie geht man mit Perfektionismus und Versagensangst um?
- Welche Quellen des Selbstvertrauens gibt es?
- Wie kann man voller Selbstvertrauen sein, ohne arrogant oder eingebildet zu wirken?

Im letzen Kapitel des Buches werden diese ganzen Informationen in einem Stufenplan zusammengefasst, mit dem Sie nach dem Lesen dieses Buches Ihr Selbstvertrauen weiter stärken können. Für jeden Bereich Ihres Selbstvertrauens erhalten Sie spezielle Aufgaben. So verfügen Sie über ein übersichtliches Handbuch, mit dem Sie sofort in die Praxis einsteigen können.

Ich verspreche Ihnen nicht, dass Sie mithilfe dieses Buches all Ihre Träume erfüllen und ein *unerschütterliches, felsenfestes Selbstvertrauen* aufbauen werden, das niemals ins Wanken gerät. Solche Versprechungen werden Ihnen nur von selbst ernannten „Gurus" aufgetischt, im ungünstigsten Fall tragen sie gerade zu einer Schwächung des Selbstvertrauens bei. Denn letztlich wird man sich immer eingestehen müssen, dass man die versprochene Perfektion nie erreicht, und sich dafür dann noch die Schuld geben. Das will ich Ihnen nicht antun.

Ich möchte daher gleich vorab sagen, dass die persönliche Entwicklung ein Prozess ist, der langsam verläuft und sich fast nie unserer Vorstellung von Perfektion fügt. Es ist durchaus möglich, das eigene Selbstvertrauen zu stärken, doch dazu gibt es kein Wundermittel. Die Arbeit an sich selbst erfordert Zeit, Achtsamkeit und Engagement. Dieses Buch kann Ihnen auf Ihrer Tour ein guter Reiseführer sein, aber Sie selbst werden es letztlich sein, der den ersten Schritt gehen und die Disziplin aufbringen muss weiterzugehen. Die Lektüre dieses Buches ist ein erster Schritt auf Ihrer Reise, die Übungen zu nutzen füllt die restliche Wegstrecke Ihrer Reise aus.

Hintergrund

In meiner Praxis arbeite ich als Trainer täglich mit Menschen, die sich mehr Selbstvertrauen wünschen. In Gruppen oder Einzelgesprächen habe ich unterschiedlichste Menschen im Alter von 18 bis 65 Jahren begleitet, von Studierenden bis zu Führungskräften. Sie melden sich unter anderem in meinen Kursen an, weil sie sich unter Menschen oder in ihrer Partnerschaft nicht wohlfühlen. Ihr geringes Selbstvertrauen macht sich auch oft in professionellen Zusammenhängen bemerkbar, zum Beispiel häufig in der Vorstellung, nicht genug zu leisten. Manche von ihnen geraten in die Nähe eines Burn-outs, weil sie sich ständig dazu gedrängt fühlen, ein perfektes Ergebnis zu liefern.

Diese Rolle als Trainer war für mich nicht immer selbstverständlich. Denn früher habe ich selbst mit einem Mangel an Selbstvertrauen gerungen. Ich stottere schon mein ganzes Leben, und das hat sich lange sehr negativ auf mein Selbstvertrauen ausgewirkt. Ich versuchte immer, mein Gestammel zu kompensieren, indem ich mich auf anderen Gebieten hervortat. Zum Beispiel indem ich mehr Bücher las als andere und bessere Noten erzielte. Ich war ständig darum bemüht, besser zu sein als die anderen. Meinem Selbstvertrauen half das aber wenig. Solange meine Leistung gut war, fühlte ich mich ziemlich wohl. Aber es bestand immer die Gefahr, letztlich doch noch zu versagen und damit zu offenbaren, dass ich „nicht gut genug war". Dieser Druck hatte zur Folge, dass mich eine ständige Unruhe begleitete. Und wenn ich wirklich einmal hinter der Leistung der anderen zurückblieb, fühlte ich mich erst recht mies.

Es hat mich viel Zeit gekostet zu erkennen, wie ich ein stabiles und starkes Selbstvertrauen entwickeln konnte. Zum ersten Mal entdeckte ich die Möglichkeiten einer solchen persönlichen Entwicklung, nachdem ich mir in der örtlichen Bibliothek ein Buch von Anthony Robbins ausgeliehen hatte. Robbins ist einer der bekanntesten „Selbsthilfegurus". Er hat zahlreiche Bücher über persönliche Entwicklung und Erfolg verfasst. Ich fand die Themen, die in seinem Buch besprochen wurden, sehr interessant, erkannte aber auch, dass viele Dinge so nicht funktionierten. Ich studierte Psychologie, um herauszufinden, was die Wissenschaft zum Thema persönliche Entwicklung zu sagen hatte. Doch schon bald musste ich erkennen, dass die Psychologie an diesem Thema nur wenig Interesse hatte. Während meines Studiums habe ich eine Menge Nützliches über den Aufbau einer Studie, die Möglichkeit, bei Klienten Veränderungen zu bewirken, und die Persönlichkeit und deren Entwicklung gelernt. Dabei ging es jedoch vor allem um die Heilung von Kranken und weniger um die Entwicklung von gesunden Menschen.

Meine Abschlussarbeit habe ich schließlich über die Wirkung von Selbsthilferatgebern geschrieben. In den Büchern von Dr. Anthony Robbins, Wayne Dyer und anderen Selbsthilfegurus geht es um das Streben nach einem besseren Leben und die Suche nach Glück. Doch oft lässt die Qualität ihrer Ratschläge einiges zu wünschen übrig. Freilich muss man den Autoren zugutehalten, dass sie Fragen zu Glück, Normen und Werten, zu Liebe und Sinnsuche zumindest thematisieren. Im Schlussteil meiner Abschlussarbeit habe ich daher die Frage aufgeworfen, warum die wissenschaftliche Psychologie diesen Themen so wenig Aufmerksamkeit schenkt.

Der Zweitgutachter meiner Arbeit sagte mir, dass man sich in der sogenannten Positiven Psychologie durchaus wissenschaftlich mit diesen Themen auseinandersetze. Diese ziemlich neue Richtung innerhalb der Psychologie konzentriere sich auf die Frage, was ein glückliches Leben sei und wie man es verwirklichen könne. In den Medien wird sie auch als „Glückswissenschaft" bezeichnet. Die erforscht beispielsweise Themen wie Weisheit, Glück, positives Denken, Selbstdisziplin und soziale Fähigkeiten. Diese eine Anmerkung zu meiner Arbeit hat weitgehend darüber entschieden, womit ich mich in den Jahren danach beschäftigen sollte.

Der erste Schritt, zu dem ich mich entschieden hatte, bestand darin, selbst etwas zur Forschung innerhalb der Positiven Psychologie beitragen zu wollen. Das gestaltete sich damals noch ziemlich schwierig. Schon während meines Studiums hatte ich ja erfahren müssen, dass man vier Jahre studieren konnte, ohne je etwas über positive Psychologie zu hören. Und bei der Suche nach einer Alma Mater für meine Promotion zeigte sich, warum. Die meisten Universitäten standen der Erforschung dieser Themen äußerst reserviert gegenüber. Nur die Freie Universität Amsterdam wollte diesen Themen eine Chance einräumen. So habe ich 2009 mit meiner Promotion zur Wirksamkeit von Selbstvertrauens-Trainings begonnen. Ich habe die internationale Literatur auf diesem Gebiet aufgearbeitet und schließlich wirksame Prinzipien zur Entwicklung eines starken Selbstvertrauens gefunden. Die Zeit, in der ich mich dieser Untersuchung widmete, hatte viele positive Konsequenzen.

Zunächst einmal bewirkte sie, dass mein persönliches Selbstvertrauen enorm gestärkt wurde. Ich habe eingesehen, dass ich nicht mit meinem Stottern gleichzusetzen bin, sondern auch andere Charaktereigenschaften habe, die mich zu einem wertvollen Menschen machen. Außerdem habe ich entdeckt, dass der Versuch, sein Selbstvertrauen auf die eigenen Leistungen und Erfolge aufzubauen, ein Spiel ist, das man niemals gewinnen kann. Das Selbstwertgefühl kann nur stabil sein, wenn es aus einem selbst kommt und nicht zu sehr auf dem Urteil anderer beruht. Diese Einsicht hat mir viel innere Ruhe verliehen und dazu geführt, dass ich eine Menge nebensächlicher Dinge, über die ich mir immer große Sorgen gemacht hatte, leichter relativieren konnte.

Als ich nicht mehr versuchte, meinen Selbstwert durch Leistung zu steigern, gelang mir lustigerweise auf einmal manches viel besser. Ich gründete das Institut für Positive Psychologie und, wie Sie sehen, habe ich die Möglichkeit erhalten, ein Buch dazu zu schreiben. Für mich persönlich ist es allerdings am erstaunlichsten, dass ich trotz meines Stotterns inzwischen vielfach von Universitäten und Unternehmen als Referent angefragt werde. Wenn ich heute auf mein Leben zurückblicke, wünsche ich mir, ich hätte dieses Wissen über Selbstvertrauen schon früher gehabt. Das hätte mir einiges an Kopfzerbrechen erspart und hätte mich in meinem Leben glücklicher und zufriedener gemacht. Um zu verhindern, dass andere ebenfalls unnötig mit einem Mangel an Selbstvertrauen ringen, habe ich begonnen, Trainings und Coachings zu geben und Bücher und Artikel zu diesem Thema zu schreiben.

Vor allem jedoch haben mir meine Studien ermöglicht, meine persönliche Erfahrung für viele andere Menschen zu verallgemeinern. Denn meine persönliche Erfahrung allein sagt per se noch nicht viel darüber aus, wie Selbstvertrauen bei anderen Menschen funktioniert. Menschen, die sich immerzu als „Erfahrungsexperten“ anpreisen, ähneln eher Friseuren, die jedem ihrer Kunden den Haarschnitt verpassen, der ihnen selbst gut steht. Um zu verhindern, dass ich selbst in diese Falle tappe, habe ich mich auf eine große Zahl psychologischer Untersuchungen gestützt, Untersuchungen, die von Laborexperimenten bis zu Beobachtungen in Klassenzimmern reichen. Und um diese Ergebnisse zu überprüfen, habe ich schließlich selbst eine Studie mit etwa hundert Testpersonen durchgeführt. Ich habe sie ein Training durchlaufen lassen und eruiert, ob ihr Selbstvertrauen dadurch tatsächlich gestärkt wurde. Auf diese Weise wollte ich kontrollieren, ob meine Art zu arbeiten bei ihnen Wirkung zeigte.

Dabei war es interessant zu sehen, wie Menschen diese Theorie auffassen und in ihrem eigenen Leben anwenden. Manche Teilnehmer fanden nun endlich den Mut, gewisse Karriereschritte zu unternehmen, andere wiederum wagten es, sich einem schwierigen Gespräch mit ihrem Partner oder ihrem Vorgesetzten zu stellen. Ich machte jedoch vor allem die Erfahrung, dass sich die Teilnehmer nach dem Training entspannter fühlten und sich weniger Sorgen um ihren Selbstwert machten. So bekam die Theorie in der Praxis für mich plötzlich ein menschliches Antlitz. Das vermittelte mir Einsichten in das Phänomen des Selbstvertrauens, die viel weiter reichten als meine eigene Erfahrung.

Das Institut für Positive Psychologie

Ich möchte mich dafür stark machen, die Positive Psychologie auch in den Universitäten einzuführen. Außerdem setze ich mich dafür ein, das Wissen dieses Fachgebiets einer größeren Öffentlichkeit zugänglich zu machen. Dabei spielt die Website des Instituts für Positive Psychologie (www.ivpp.nl) eine wichtige Rolle. Dort veröffentliche ich Artikel über alle möglichen Themen der Positiven Psychologie.

Wenn Sie Fragen zu meinem Buch haben oder darüber diskutieren möchten, lade ich Sie herzlich ein, die Seite des IVPP zu besuchen. Dort können Sie sich kostenlos als Mitglied einschreiben und erhalten anschließend direkten Zugang zum Mitgliederforum. Unter r.c.haringsma@ivpp.nl können Sie mir auch persönlich mailen. Ich würde mich freuen, etwas über Ihre Erfahrungen zur Anwendbarkeit des Buches in der alltäglichen Praxis zu hören.

Nun bleibt mir noch, Ihnen viel Vergnügen beim Lesen und Erfolg mit den Übungen zu wünschen!

Robert Haringsma

Teil I

Optimales Selbstvertrauen

1. Was ist optimales Selbstvertrauen?

Ein Buch über Selbstvertrauen kann nur mit der Frage beginnen: Was ist Selbstvertrauen? Obwohl wir alle wissen, wie sich Selbstvertrauen (und der Mangel an Selbstvertrauen) anfühlt, ist es gar nicht so leicht, genau zu erklären, was es ist. Ich möchte das in einer kurzen historischen Schilderung des wissenschaftlichen Denkens zum Phänomen Selbstvertrauen erläutern. Dabei wird deutlich werden, dass noch in den Achtzigerjahren des letzten Jahrhunderts Selbstvertrauen sowohl als Ursache wie auch als Lösung aller psychischen Probleme angesehen wurde. Spätere Forschung hat dann allerdings dazu geführt, dass der Begriff Selbstvertrauen einen schlechten Ruf bekam. Zum Schluss werde ich auf die Methode eingehen, die ich in diesem Buch verwende.

Worin liegt das Problem?

„Ein Mangel an Selbstvertrauen führt zu schlechten schulischen Leistungen." 1980 hielten amerikanische Psychologen die Belege für diese Behauptung für so stark, dass man sie als bewiesene Tatsache betrachten könne.[1i] Man rief umfangreiche Programme ins Leben, um das Selbstvertrauen von Schülern zu stärken, Programme, in denen man den Kindern beibrachte, positiv über sich zu denken. So wurde beispielsweise eine „Magic Box" von Hand zu Hand gereicht, die die Antwort auf die Frage enthalten sollte, wer die bemerkenswerteste Person der Welt sei. Wenn die Schüler in die Schachtel schauten, entdeckten sie ihr eigenes Spiegelbild. Die Antwort lautete also für jeden Schüler „ich selbst".[2]

Mir scheint es schon an sich nicht vernünftig zu sein, Kinder dazu zu erziehen, sich selbst ganz fantastisch zu finden. Leider gingen die Schulen aber noch weiter. Negative Beurteilungen wurden für das Selbstvertrauen des Kindes als schädlich erachtet. Daher verzichtete man auf Tests bei den Kindern. Waren sie einmal unumgänglich, wurde stark davon abgeraten, ein negatives Feedback („Das war nicht ausreichend") zu geben. Es ist natürlich klar, dass auch Studenten, die in der Schule gelernt hat-

---

i Die Theorie dieses Buches beruht auf wissenschaftlichen Untersuchungen, nicht nur meinen eigenen, sondern auch denen vieler anderer. Aus Respekt vor der Arbeit dieser Wissenschaftler und aus Gründen wissenschaftlicher Redlichkeit verweise ich möglichst genau auf die entsprechenden Untersuchungen. Ich verstehe jedoch auch, dass 99 Prozent meiner Leser nicht unbedingt an diesen Quellen interessiert sind, daher sind sie in den Endnoten am Ende des Buches angegeben. Wenn Sie spezielle Fragen zur wissenschaftlichen Fundierung des Buches haben, können Sie unter r.c.haringsma@ivpp.nl jederzeit Kontakt mit mir aufnehmen.

ten, dass sie „die bemerkenswerteste Person der Welt" sind, entsprechend behandelt werden wollten. Sie hatten jedoch wenige Kompetenzen, die eine solche Vorzugsbehandlung gerechtfertigt hätten. Als diese Kinder ihren Platz in der Gesellschaft suchten, zeigten sich die Grenzen dieser Selbstvertrauensprogramme dann in aller Deutlichkeit. An ihrem ersten Arbeitsplatz sahen sie sich nämlich mit der harten Realität konfrontiert. Hier wurden sie nach ihrer Leistung bewertet, und das oft auf ziemlich unmissverständliche Art und Weise, was nicht selten zu Konflikten mit ihren Arbeitgebern führte. Diese hatten häufig den Eindruck, dass ihre neuen Mitarbeiter verwöhnt seien, wenig Rückgrat zeigten und außerdem zu wenig leisteten. So verbreitete sich in der Gesellschaft schon bald die Ansicht, dass Selbstvertrauen alles andere als ein Wundermittel war.

Diese intuitive Auffassung wurde zunehmend durch eine ganze Reihe von Studien gestützt. Roy Baumeister, der zunächst selbst über das Phänomen Selbstvertrauen geforscht hatte, wurde bald zu einem seiner schärfsten Kritiker. In einem großen Übersichtsartikel, in dem er die Ergebnisse unzähliger Beiträge zu diesem Thema zusammenfasste, kam er zu dem Schluss, dass sich Menschen mit einem großen Selbstvertrauen zwar besser fühlten, es aber keinerlei Hinweise darauf gäbe, dass sie auch bessere Leistungen erbrachten.[3] Ein starkes Selbstvertrauen sei weder in der Schule noch im Arbeitsleben ein sicheres Indiz für Erfolg. Menschen mit einem starken Selbstvertrauen blickten zwar positiv in die Zukunft und entwickelten eher Initiative als Menschen mit geringem Selbstvertrauen. Ihr starkes Selbstvertrauen sorge jedoch nicht dafür, dass sie in der Schule oder am Arbeitsplatz mehr leisteten. Auch als Führungskräfte bewährten sie sich nicht besser als andere. Außerdem seien Menschen mit geringem Selbstvertrauen nicht gewalttätiger als andere, und das Risiko, dass sie rauchten, tranken oder Drogen nahmen, sei nicht überdurchschnittlich hoch. Offenbar waren die Auswirkungen sowohl eines zu großen als auch eines zu geringen Selbstvertrauens stark übertrieben eingeschätzt worden. Es hatte den Anschein, als habe unser Selbstvertrauen wenig mit unserer Leistung zu tun.

Baumeister schlug vor, zur Stärkung unseres Selbstvertrauens am besten am Ausbau unserer Kompetenzen zu arbeiten. Wenn Menschen mehr leisten, steigere sich das Selbstvertrauen von selbst. Die Studien von Jennifer Crocker und Lora Park[4] belegten jedoch das Gegenteil. Sie untersuchten Menschen, die ihr Selbstvertrauen auf ihre Erfolge und ihre Leistung stützten. Ihre Testpersonen hatten also, ohne Baumeisters Rat zu kennen, dessen Strategie schon angewandt. Diese Studie zeigte allerdings, dass bessere Leistungen nicht eine Stärkung des Selbstvertrauens bewirkten. Ja mehr noch, Selbstvertrauen, das auf Leistung basierte, erwies sich sogar als besonders fragil. Solange jemand genug leistete, war sein Selbstwertgefühl hoch. Doch sobald im Leben einmal etwas schiefging, schwand dieses Gefühl rasend schnell dahin. So schnell, dass sich Depressionen und eine Vielzahl anderer Probleme einstellen konnten.

Selbstvertrauen war jahrelang eines der wichtigsten Themen der Psychologie gewesen. Nun schien dieses Phänomen plötzlich mit allen möglichen Nachteilen behaftet zu sein. Entschied man sich dafür, sein Selbstvertrauen auf die eigene Leistung zu stützen, führte das zu einem unglücklichen Leben und einem geringen Selbstwertgefühl. Versuchte man stattdessen, sein Selbstvertrauen durch ein positives Selbstbild zu stärken, wurden die eigenen Leistungen davon beeinträchtigt. Wofür man sich auch entschied, es brachte immer negative Folgen mit sich. Viele Wissenschaftler hielten es für klug, sich überhaupt nicht um ein starkes Selbstvertrauen zu bemühen.

Die Lösung: Selbstwert und Kompetenz

Zum Glück sollte es nicht lange dauern, bis Wissenschaftler eine neue Theorie zum Selbstvertrauen formulierten. Der erste Schritt zur Lösung war die Erkenntnis, Selbstvertrauen nicht nur als ein rein psychisches Phänomen zu betrachten. Diese neue Einsicht konnte einen Teil der Konfusion zwischen den Wissenschaftlern auflösen. Baumeisters Thema war das Vertrauen in die eigenen Kompetenzen. Je mehr man sich in eine Aufgabe einübt, desto mehr wird das Vertrauen, diese Aufgabe ordentlich erledigen zu können, wachsen. Crocker und Park thematisierten jedoch eine andere Art des Selbstvertrauens. Sie sprachen vom Gefühl, etwas wert zu sein, vom Selbstwert einer Person. Aufgrund dessen entstand eine neue Theorie, nach der sich Selbstvertrauen aus einer Kombination aus *Kompetenz* und *Selbstwert* ergab.[5] Diese Theorie wird auch als Zweifaktorenansatz bezeichnet.

Kompetenz ist ein Begriff, der auf die Beherrschung einer bestimmten Tätigkeit wie Lesen, Schreiben oder Bergsteigen verweist. Die allgemeine Regel in Sachen Kompetenz lautet: Je besser man etwas kann, desto mehr Selbstvertrauen wird man in diesem Bereich haben. Ich vermute einmal, wenn ich Sie bitten würde, ein Handy zu bauen, würden sich Ihre Kompetenzen auf diesem Gebiet wohl als ziemlich gering herausstellen. Wenn ich Sie jedoch bitte, sich die Zähne zu putzen, wird Ihre Kompetenz in diesem Bereich bestimmt sehr groß sein. Mit Kompetenz meine ich hier also einfach nur den Grad Ihres Könnens. Dass Selbstvertrauen damit in einem engen Zusammenhang steht, wird niemanden überraschen. Wenn man sich schon jahrelang einer bestimmten Aufgabe gewidmet hat, wird das Selbstvertrauen in diesem Bereich ziemlich groß sein. Manchmal vielleicht sogar so groß, dass man sich gar keine Gedanken mehr darüber macht, ob man die nötigen Kompetenzen dazu hat oder nicht. Die meisten Niederländer steigen zum Beispiel nicht mit dem Gedanken aufs Fahrrad: „Wenn das mal gut geht!" Ihr Vertrauen in diese Kompetenz ist optimal und das Fahrradfahren funktioniert bei ihnen vollkommen automatisch.

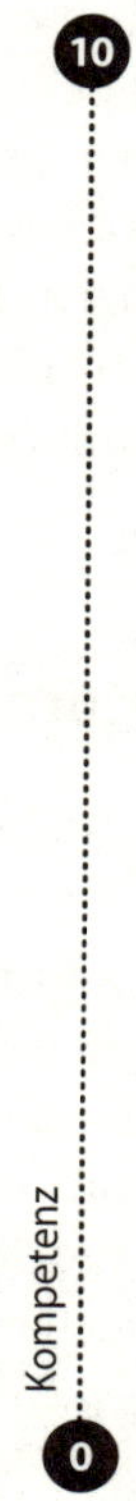

Abbildung 1.1

Man kann sich eine Kompetenz als eine Eigenschaft vorstellen, die man, wie in Abbildung 1.1 gezeigt, auf einer Skala von 0 bis 10 bewerten kann. Besitzt man viele Kompetenzen, bei denen man auf eine hohe Punktzahl kommt, wird das eigene Selbstvertrauen oft sehr hoch sein. Gibt es viele Kompetenzen mit einer geringen Punktzahl, wird das Selbstvertrauen in der Regel gering sein.

Werthaftigkeit stellt einen anderen wichtigen Bereich des Selbstvertrauens dar. Wir sagen dann auch, jemand habe „ein positives Selbstbild“ oder er besitze „Selbstwert“. Jemand mit wenig Selbstwertgefühl beschreibt sich selbst etwa folgendermaßen: „Ich bin eigentlich nichts Besonderes. Es gibt niemanden, dem viel an mir liegt, und ich habe keine herausragenden Eigenschaften oder speziellen Talente. Mein Beitrag zu dieser Welt ist eigentlich nur negativ. Ich enttäusche viele Menschen und verursache nur eine Menge Probleme.“ Jemand mit viel Selbstwertbewusstsein spricht positiv über sich. Er wird vielleicht so etwas sagen wie: „Ich habe das Gefühl, dass ich in meiner Umgebung eine wichtige Rolle spiele. Ich habe enge Bindungen zu anderen und fühle mich von ihnen geschätzt. Alles in allem habe ich das Gefühl, dass ich auf andere Menschen und auf meine Umgebung einen positiven Einfluss habe.“ Man kann sich vorstellen, dass dieser Mensch sich um einiges wohler fühlt als jener mit geringem Selbstwertgefühl. Selbstwert kann man sich ebenfalls als eine Eigenschaft vorstellen, die man auf einer Skala von 0 bis 10 bewerten kann, wie in Abbildung 1.2.

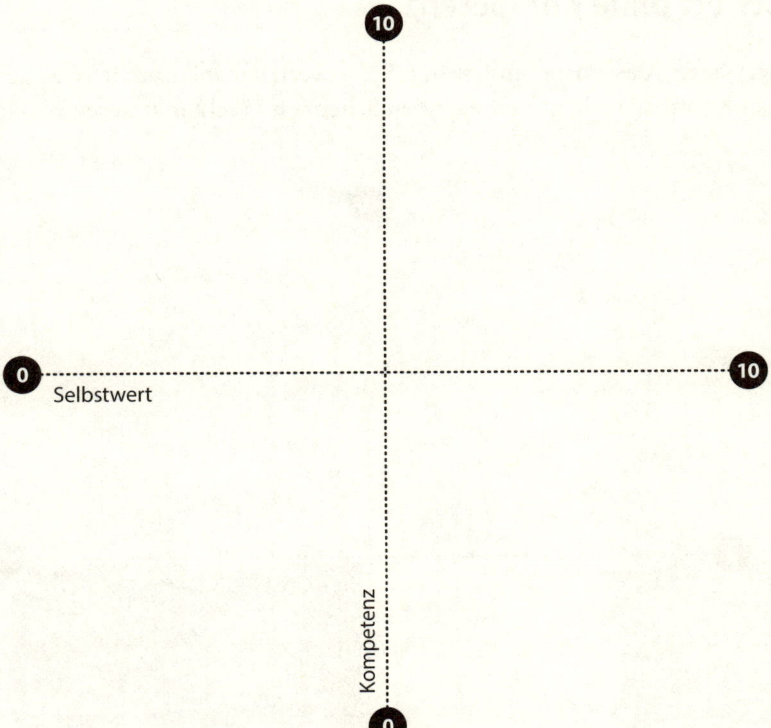

Abbildung 1.2

Grundlage des Selbstwertes bildet die Überzeugung, dass man etwas wert ist, dass man etwas darstellt, dass man das Recht hat, *da zu sein.* In der Psychologie gibt es verschiedene Begriffe für dieses Gefühl wie zum Beispiel Selbstwert, Selbstliebe und Selbstachtung. Das Selbstwertgefühl nimmt zu, wenn es auf dem Boden eigener Normen und Werte gründet. Und kennt man erst einmal seine eigenen Werte, ist es natürlich auch wichtig, danach zu handeln.

Ein stabiles und großes Selbstvertrauen beruht auf einer Kombination von Kompetenz und Selbstwert. Um gut zu verstehen, warum gerade diese Kombination so wichtig ist, beschreibe ich zunächst die Probleme, die entstehen können, wenn man sein Selbstvertrauen entweder nur auf Kompetenz oder nur auf Selbstwert stützt.

Selbstwert ohne Kompetenz

Selbstvertrauen, das vornehmlich auf Selbstwert beruht und in viel geringerem Maße auf Kompetenz, liegt im folgenden Schema im rechten unteren Bereich.

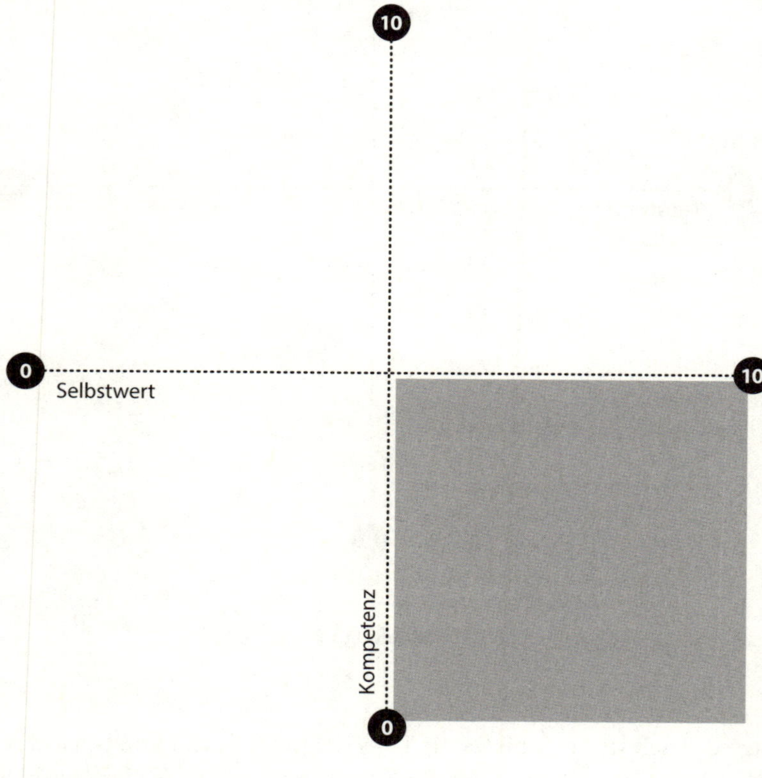

Abbildung 1.3

Ein solches Selbstvertrauen wirkt sich in zweierlei Hinsicht negativ aus: Diese Menschen werden arrogant und bleiben hinter ihrem eigenen Leistungsvermögen zurück. Arroganz zeigt sich in der Überschätzung der eigenen Bedeutung. Man geht nicht mehr davon aus, ebenso viel wert zu sein wie andere, sondern ist der Überzeugung, *mehr* wert zu sein. Aus dieser Vorstellung, etwas Besonderes zu sein, kann, wie bei den zuvor beschriebenen amerikanischen Schülern, leicht die Vorstellung erwachsen, bestimmte Privilegien zu verdienen. Man geht dann einfach davon aus, das Recht auf eine Sonderbehandlung zu haben. Das eigene Umfeld hat dafür begreiflicherweise oft wenig Verständnis, sodass Menschen mit einer solchen Einstellung im Allgemeinen nicht als sympathisch empfunden werden.

Der Fall, dass jemand hinter seinem eigenen Leistungsvermögen zurückbleibt, ergibt sich vor allem, wenn der eigene Selbstwert als Ausrede dafür gebraucht wird, nichts leisten zu müssen. Ich beobachte bei manchen meiner Klienten, dass sie von ihrer aktuellen Arbeit gelangweilt sind und ihre Potenziale eigentlich nicht ausschöpfen können. Oft merke ich, dass sie viel mehr aus sich herausholen möchten, sich das aber nicht wirklich trauen. Das hat meistens weniger mit ihrem Selbstwertbewusstsein zu tun, denn das ist groß, sondern mit ihren Kompetenzen. Sie fragen sich: Bin ich den Anforderungen einer neuen Stelle gewachsen? Ist das Risiko nicht zu groß, dass ich entlassen werde, wenn meine Leistung nicht gut genug ist? Sie befürchten, dass ihre Kompetenzen nicht ausreichen, um neue Herausforderungen bewältigen zu können. Sie haben nicht etwa Angst zu scheitern und damit ihrem Ego zu schaden, es geht ihnen allein um die praktischen Konsequenzen ihrer eventuell zu schwachen Leistung. Sie konfrontieren sich jedoch nicht mit ihrer Angst, sondern gehen ihr aus dem Weg, indem sie sich sagen, dass sie „gut sind, so wie sie sind".

Verstehen Sie mich nicht falsch, moralisch gesehen ist, was mich angeht, nichts dagegen zu sagen, wenig zu leisten. Unter psychologischem Gesichtspunkt gibt es jedoch genügend Belege für die Ansicht, dass man glücklicher wird, wenn man gefordert wird und sich entwickeln kann. Man wird sich, mit anderen Worten, wohler fühlen, wenn man gute Leistung bringt. Da ich davon überzeugt bin, dass Selbstvertrauen von einiger Bedeutung für ein glücklicheres Leben ist, ist es problematisch, wenn ein großes Selbstwertgefühl dazu führt, dass man hinter seinen eigenen Möglichkeiten zurückbleibt. Das trägt sicherlich nicht zu einem glücklicheren Leben bei.

Kompetenz ohne Selbstwert

Baumeister verwirft ein Selbstvertrauen, das sich nicht auf Kompetenz stützt. Seiner Ansicht nach bringt ein Übermaß an Selbstwertgefühl, kombiniert mit einem Mangel an Kompetenz, arrogante und verwöhnte Menschen hervor. In seinem neusten Buch über Selbstdisziplin behauptet er glattweg, dass die gängigen Theorien zum Selbstvertrauen die amerikanische Jugend verdorben hätten.[6] Selbstdisziplin müsse an dessen Stelle treten. Hätte Baumeister allerdings Crocker und Park besser zugehört (oder etwas mehr Therapieerfahrung gehabt), hätte er wissen können, dass der Versuch, sein Selbstvertrauen auf die eigenen Kompetenzen zu stützen, auch zu ziemlich gravierenden Problemen führen kann.

Bei Menschen, die ihre Kompetenzen gut entwickelt haben, wirkt es manchmal so, als hätten sie viel Selbstvertrauen. Sie strahlen Autorität aus und nötigen anderen durch ihr entschiedenes und resolutes Auftreten Respekt ab. Diese Ausstrahlung muss jedoch nicht unbedingt widerspiegeln, was sich in ihrem Innern abspielt. Denn gerade sie können tief in ihrem Innern sehr unsicher sein. In unserem Schema findet man diese Gruppe im linken oberen Bereich (siehe Abbildung 1.4). Das spezifische „Leiden“, das zu diesem Segment gehört, bezeichnet man auch als „Perfektionismus“.

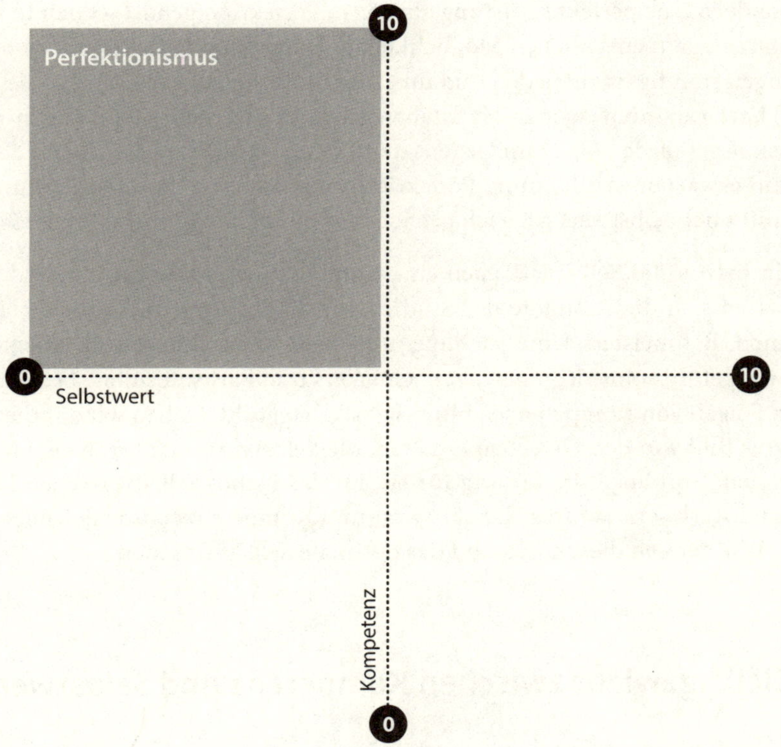

Abbildung 1.4

Menschen, die in Bezug auf ihre Kompetenzen eine hohe, in Bezug auf ihren Selbstwert hingegen eine geringe Punktzahl erreichen, stützen ihr Selbstvertrauen vor allem auf ihre Leistung. Sie gehen also davon aus, dass sie mehr Selbstvertrauen gewinnen können, wenn sie erfolgreicher werden. Dadurch wird ihr Selbstvertrauen jedoch sehr fragil. Rückschläge und Erfolge wechseln sich im Leben ebenso ab wie Kritik und Anerkennung. Wenn sie ihr Selbstvertrauen von der Leistung und der Anerkennung anderer abhängig machen, wird es also manchmal stark und manchmal schwach sein.[7] Sie beschreiben ihr Selbstvertrauen oft als eine Art Achterbahn. Wenn sie erfolgreich sind, fühlen sie sich fantastisch, und wenn sie keinen Erfolg haben, fühlen sie sich fürchterlich.

Perfektionisten sind ein Extrembeispiel dieser Kategorie. Sie möchten nicht nur eine gute, sondern eine perfekte Leistung abliefern. Perfektion gehört jedoch in aller Regel nicht zu den menschlichen Möglichkeiten. Daher sind Perfektionisten mit ihren Leistungen ständig unzufrieden und unsicher in Bezug auf ihr Können. Sie arbeiten oft (zu) hart, um ihren eigenen Maßstäben gerecht zu werden, sie sind burn-out- und depressionsgefährdet. Ganz im Gegensatz zu dem, was man vielleicht auf den ersten Blick hin erwarten würde, führt Perfektionismus nicht zu besseren Leistungen. Im Abschnitt über Selbstwert gehe ich genauer auf dieses erstaunliche Ergebnis ein.

Versteht man unter Selbstvertrauen eine Kombination aus Selbstwert und Kompetenz, lassen sich die Resultate der Studien von Baumeister und Crocker / Park gut einordnen. Baumeisters Untersuchungsergebnisse verweisen auf die Risiken eines Selbstwertgefühls ohne Kompetenzen. Crockers und Parks Resultate belegen die negativen Folgen von Kompetenzen ohne Selbstwertgefühl. Haben wir auf diese Weise ein klares Bild von den Ursachen erhalten, die Selbstvertrauensprobleme hervorrufen können, liegt auch die Lösung für sie auf der Hand. Selbstvertrauen kann nur stabil und stark sein, wenn sich Selbstwert und Kompetenzen im Gleichgewicht befinden. Wir nennen diesen Zustand das optimale Selbstvertrauen.

Ein Gleichgewicht zwischen Kompetenz und Selbstwert

Optimales Selbstvertrauen ist eine stabile Kombination aus Kompetenz und Selbstwert. Unser Selbstwertgefühl bietet eine Grundlage dafür, an unseren Kompetenzen arbeiten zu können. Und unser Ringen mit immer wieder neuen Herausforderungen sorgt dafür, dass wir uns in unserem Selbstwert nicht überschätzen. Optimales Selbstvertrauen ermöglicht es uns, zuversichtlich im Leben zu stehen, ohne ständig nach Belegen dafür suchen zu müssen, dass wir ganz besonders und außergewöhnlich sind.

Professor Chris Mruk, dessen Selbstvertrauenstrainings ich 2010 erforscht habe, arbeitet schon seit Jahren wissenschaftlich zum Thema Selbstvertrauen. Er ist Autor des Buches *Self-Esteem-Research, Theory and Practice. Toward a Positive Psychology of Self-Esteem.*[8] Er hat den Namen „optimales Selbstvertrauen“ gewählt, weil es sich bei einem starken Selbstvertrauen um ein „Optimum“ handelt. Ein Optimum, das sich aus einem hohen Selbstwert und großer Kompetenz zusammensetzt.

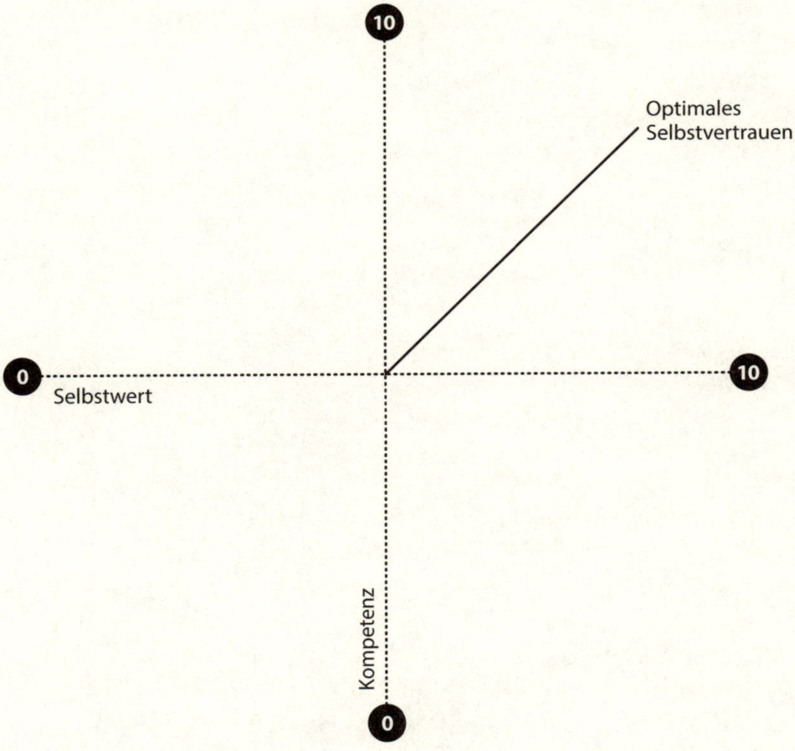

Abbildung 1.5

In Abbildung 1.5 ist zu sehen, dass die Linie, die ein optimales Selbstvertrauen bezeichnet, genau in der Mitte zwischen der Achse des Selbstwerts und der Kompetenz liegt. Ein optimales Selbstvertrauen ist günstiger als ein Selbstvertrauen, das sich entweder nur auf hohe Kompetenz oder nur auf hohen Selbstwert stützt. Wie schon erwähnt, sind diese beiden Formen des Selbstvertrauens mit eindeutigen Nachteilen verbunden. Die Kunst besteht also darin, beide Bereiche des Selbstvertrauens zu entwickeln. Ein mittlerer Wert in Bezug auf Kompetenzen *und* Selbstwert ist günstiger als ein hoher Wert in nur einem Bereich. Denn dann halten sich beide Aspekte des Selbstvertrauens im Gleichgewicht. Diese Balance sorgt dafür, dass die Nachteile, die ein einseitig entwickeltes Selbstvertrauen gewöhnlich mit sich bringt, hier nicht ins Gewicht fallen. In diesem Buch geht es vor allem darum, ein optimales Selbstvertrauen zu erreichen.

2. Optimales Selbstvertrauen in der Praxis

Im vorherigen Kapitel ging es vor allem um Fragen, die aus einem Mangel an Selbstvertrauen entstehen können. Welche Schwierigkeiten können aus einem geringen Selbstvertrauen erwachsen und mit welchen Konsequenzen ist zu rechnen? Als Vertreter der Positiven Psychologie möchte ich in diesem Kapitel nun die positiven Auswirkungen eines optimalen Selbstvertrauens thematisieren. Welche Gefühle gehen damit einher? Was wird durch ein optimales Selbstvertrauen möglich und welche Erwartungen kann man daran knüpfen?

Zunächst einmal wird eine gute Kombination aus Kompetenz und Selbstwert einem dazu verhelfen, viel besser mit Kritik umgehen zu können. Weil man Kompetenz und Selbstwert in diesem Gleichgewichtszustand gut auseinanderhalten kann, ist man sich dessen bewusst, dass eine Kritik an den eigenen Fähigkeiten nicht als Kritik an der Person aufgefasst werden muss. So können kritische Anmerkungen als Feedback aufgefasst werden und damit die persönliche Entwicklung fördern.

Außerdem haben Menschen mit einem starken Selbstvertrauen dieser Art oft eine klare eigene Meinung. Sie wissen, was ihnen wichtig ist, und sie haben den Mut, sich dafür einzusetzen. Menschen mit einem geringeren Selbstvertrauen fällt es oft schwer, sich an einer Diskussion zu beteiligen, sie haben häufig keinen dezidierten Standpunkt, und wenn doch, fehlt ihnen der Mut, dafür einzutreten. Vielfach halten sie die Meinung anderer grundsätzlich für bedeutsamer als ihre eigene Meinung. Menschen mit einem optimalen Selbstvertrauen legen hingegen größeren Wert auf ihre eigenen Ansichten. Das bedeutet nicht, dass sie rechthaberisch oder dickköpfig sind, es besagt lediglich, dass sie den Mut besitzen, zu bestimmten Dingen eine klare Auffassung deutlich zu vertreten.

Daher wird Kritik von ihnen weniger als Angriff wahrgenommen. Denn sie können Kritik, die ihrer Ansicht nach ungerechtfertigt ist, leichter ignorieren.[9]

BEISPIEL

Jolande[ii] muss als Stationsschwester regelmäßig Präsentationen vor dem Pflegepersonal halten. Es ist schon mal vorgekommen, dass jemand während ihrer Präsentation eingeschlafen ist. Jolande nimmt sich das sehr zu Herzen und hält ihre Präsentationsfähigkeiten für völlig unzureichend. Sie fasst es als implizite Kritik an ihren Fähigkeiten auf, wenn einer ihrer Kollegen einschläft. Aus meiner Sicht könnte es für dieses Problem aber zwei Ursachen geben. Entweder sind ihre Präsentationen wirklich zum Einschlafen oder ihre Mitarbeiter sollten mal wieder früher zu Bett gehen.

Jolande fällt es sehr schwer zu entscheiden, welche der beiden Möglichkeiten hier eine Rolle spielt. Sie traut sich selbst kein Urteil darüber zu, wie eine gute oder schlechte Präsentation aussehen sollte. Daher kann sie ihre Kollegen auch nicht zurechtweisen. Denn wenn sie ihnen Vorhaltungen macht, sagt sie implizit auch, dass an ihrer Präsentation nichts falsch war. Nachdem ich sie gebeten habe, selbst herauszufinden, wie eine gute Präsentation aussehen sollte, bringt sie ein Buch mit, in dem sechs Merkmale einer guten Präsentation beschrieben werden. Es zeigt sich: Ihre Präsentationen entsprechen all diesen Merkmalen. Weil sie sich nun von dem Buch bestätigt sieht, bringt sie den Mut auf, ihre Kollegen mit deren Verhalten zu konfrontieren.

Eine andere Konsequenz eines optimalen Selbstvertrauens liegt in der Möglichkeit, eine wesentlich objektivere Einstellung in Bezug auf die eigenen Leistungen zu gewinnen. Ein stabiler Selbstwert verhilft uns dazu, wegen einiger weniger guten Leistungen nicht gleich das eigene Selbstbild infrage stellen zu müssen. Wir erkennen, dass nicht die Leistung darüber entscheidet, ob wir etwas wert sind, und wir können daher Fehler auch eher als Situationen auffassen, aus denen wir etwas lernen können. Diese Erkenntnis hat zur Folge, dass wir nicht mehr fieberhaft versuchen, Fehler zu vermeiden, und daher weniger Probleme mit Versagensängsten haben.

Das erweist sich auch im Umgang mit unangenehmen und negativen Situationen als hilfreich. Denn es ermöglicht die Einsicht, dass *ein* Rückschlag noch lange nicht bedeutet, dass nun das ganze Leben in die Binsen gehen muss. Das Vertrauen in die eigene Kompetenz führt zu der Überzeugung, die Kraft und Kreativität aufbringen zu können, mit diesen Widrigkeiten umzugehen. Außerdem wissen Menschen mit einem starken Selbstvertrauen, wo sie im Leben hinwollen, und trauen es sich auch zu, in diese Richtung gehen zu können. All dies trägt dazu bei, sich aktiv für ein Leben einzusetzen, das zu einem selbst passt und einen glücklich macht.

---

ii Meiner Auffassung nach sind Beispiele anschaulicher als lange theoretische Abhandlungen. Ich will (und darf) das Vertrauen meiner Klienten jedoch nicht missbrauchen. Darum verwende ich fingierte Namen und setze die Fälle aus mehreren Beispielen aus meiner Praxis zusammen. Die Beispiele spiegeln die Probleme wider, die im Bereich des Selbstvertrauens eine Rolle spielen, sie geben nicht die jeweiligen Umstände einzelner Klienten wieder.

Ein optimales Selbstvertrauen trägt auch zur Entspanntheit bei. Alle möglichen Dinge, die vorher enorm wichtig zu sein schienen, vermag man nun mit einem Mal auf Distanz zu sich zu halten. Wie Alain Botton in seinem brillanten Buch *Statusangst*[10] ausführt, ruft die Vorstellung, nicht genug wert zu sein, ständige Angst hervor. Wenn wir uns von dieser Sorge um unseren eigenen Status distanzieren können, wird das Auto unseres Nachbarn plötzlich nebensächlich und die abschätzige Bemerkung eines Kollegen gleitet einfach an uns ab. Weil wir nun klare Vorstellungen von unseren Normen und Werten haben, können wir Haupt- und Nebensächliches einfacher voneinander unterscheiden. Und die Erfahrung lehrt, dass sich Status, Berühmtheit und Reichtum fast immer als Nebensächlichkeiten erweisen.

Ich möchte keinesfalls behaupten, dass Ihnen mit einem optimalen Selbstvertrauen alles immer völlig perfekt gelingen wird. Wie ich schon sagte, liegt Perfektionismus nicht im Bereich des Menschenmöglichen. Auch wenn Sie mit einem optimalen Selbstvertrauen ausgestattet sein sollten, wird es Ihnen hin und wieder noch widerfahren, dass Sie neidisch auf Menschen sind, die mehr leisten als Sie selbst. Und wenn der Leistungsdruck hoch ist, kann Ihnen Leistung plötzlich wieder sehr wichtig erscheinen. Allerdings werden Sie mit diesem wuchernden und bohrenden Gefühl der Minderwertigkeit nun besser umgehen können. Zwar werden auch jetzt noch gelegentlich negative Gefühle aufkommen, aber es wird Ihnen leichter fallen, sie zu überwinden. Optimales Selbstvertrauen ist stabil, denn es schwankt nicht mehr so stark zwischen Größenwahn und Selbsthass. All diese Ergebnisse können Sie aus der Arbeit an Selbstwert und Kompetenz erwarten. Doch sie stellen sich nicht von allein ein, sondern ergeben sich erst als das Resultat eines längerfristigen Arbeitsprozesses. In den nächsten Kapiteln gehe ich genauer auf alle Aspekte eines optimalen Selbstvertrauens ein und gebe Ihnen praktische Aufgaben, um daran zu arbeiten.

Testen Sie Ihr Selbstvertrauen

In den folgenden Kapiteln gehen wir mithilfe von Übungen und praktischen Aufgaben direkt zur Praxis über. Bevor Sie damit beginnen, lohnt es sich einmal zu schauen, wie es um Ihr Selbstvertrauen bestellt ist. Auf der Website des Instituts für Positive Psychologie (↗ http://www.ivpp.nl/selbstvertrauenstest/) finden Sie eine Liste mit Fragen, mit der Sie Ihr Selbstvertrauen testen können. Auf der Website können Sie sich gratis im Mitgliederforum anmelden. Dort können Sie im Testzentrum den Selbstvertrauenstest machen. Für deutsche Leser wurde der Test extra übersetzt. Sie können ihn so oft wiederholen, wie sie möchten, und auf diese Weise auch Ihren Fortschritt messen.

Die dort gestellten Fragen sind bereits von mehr als 1.500 Menschen beantwortet worden. Daher können wir gut einschätzen, wo Ihr Testergebnis im Vergleich zu anderen einzuordnen ist. In der Auswertung des Tests erfahren Sie, ob Ihre Werte niedrig, durchschnittlich oder hoch ausfallen. Sie können Ihre Werte einfach selbst in das unten abgebildete Schema (vgl. Abb. 2.1) eintragen. Ein niedriger Wert liegt zwischen 0 und 2,5, ein unterdurchschnittlicher zwischen 2,5 und 5, ein überdurchschnittlicher zwischen 5 und 7,5 und ein hoher zwischen 7,5 und 10.

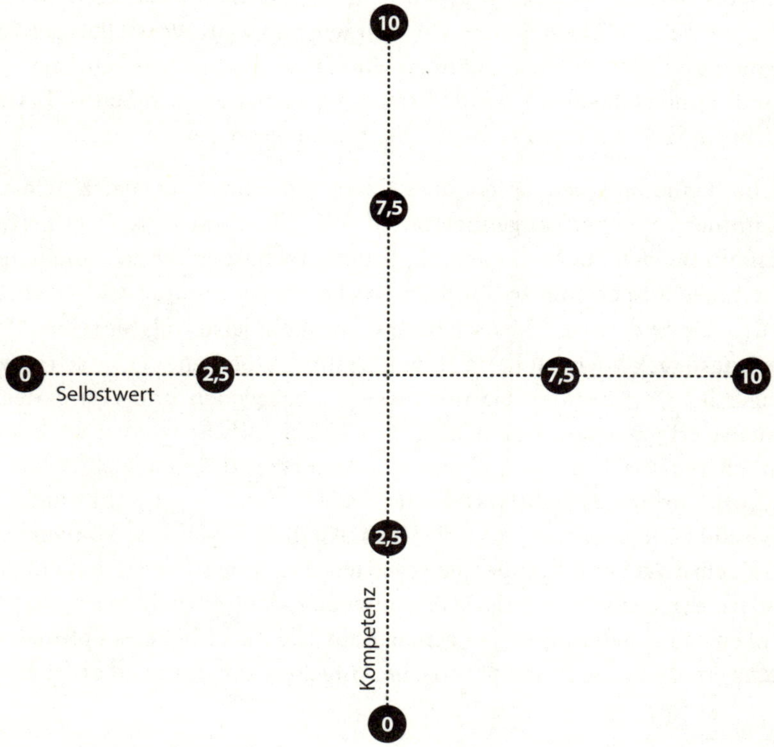

Abbildung 2.1

Dazu möchte ich jedoch gleich anmerken, dass der Vergleich Ihres eigenen Punktewertes mit dem anderer nicht besonders aussagekräftig ist. Es geht hier um *Ihr* Selbstvertrauen, um das Selbstvertrauen, mit dem *Sie* sich wohlfühlen. Wenn es sich herausstellt, dass Sie Ihr Leben glücklich und zufrieden meistern, obwohl Sie, gemessen an andern Testergebnissen, nur einen durchschnittlichen Punktewert erreichen, ist dagegen nichts einzuwenden. Perfektionistische Menschen neigen oft dazu, möglichst viele Punkte zu ergattern. Ich hoffe, dass Sie mittlerweile verstanden haben, dass das nicht der Sinn der Sache ist. Am Selbstvertrauen arbeitet man für sich selbst, es ist kein Wettstreit mit anderen.

Teil II

Selbstwert

Entdecken Sie Ihre Stärken

Diesen Teil des Buches, in dem es um die Stärkung Ihres Selbstwertes geht, möchte ich mit einer einfachen Übung beginnen. Ich möchte Sie bitten, zehn Ihrer Stärken zu notieren. Thema dieses Kapitels ist Ihr Selbstwert, also notieren Sie bitte keine Kompetenzen (wie: „Ich kann gut Auto fahren", „Ich verdiene viel Geld" etc.). Orientieren Sie sich vor allem an Charaktereigenschaften (wie: „Ich lache gerne", „Ich habe Elan", „Ich bin hilfsbereit" usw.). Vielleicht fallen Ihnen keine zehn Stärken ein. Dann schreiben Sie so viele auf, wie Ihnen in den Sinn kommen.

Nachdem Sie diese zehn Eigenschaften notiert haben, ist es an der Zeit, sie laut vorzulesen. Am günstigsten ist es, wenn Sie Ihre Liste jemand anderem, etwa Ihrem Partner, einem Familienmitglied, einem Freund oder einer Freundin vorlesen. Vielleicht hat Ihr Gegenüber ebenfalls Lust, sich an dieser Übung zu beteiligen. In diesem Fall könnten Sie auch ihm zuhören, wenn er seine eigenen Stärken benennt. Wenn es Ihnen unangenehm sein sollte, andere mit einzubeziehen, oder wenn gerade niemand zur Verfügung steht, können Sie die Übung auch allein machen. Wichtig ist allerdings, dass Sie Ihre Stärken laut vorlesen, denn erst dann bekommen Sie wirklich ein Gefühl dafür, wie es für Sie ist, über Ihre Stärken zu sprechen.

Wozu diese Übung?

Ich habe Sie diese Übung aus bestimmten Gründen machen lassen. Der erste Grund besteht darin, dass es vielen Menschen sehr schwerfällt, ihre Stärken zu benennen. Bittet man sie hingegen, zehn ihrer *Schwächen* aufzuzählen, haben sie damit überhaupt kein Problem. In aller Regel achten wir nämlich viel stärker auf unsere Schwächen als auf unsere guten Seiten. Das ist sowohl kulturell als auch biologisch bedingt.

In unserer Kultur ist die Tendenz, auf die eigenen Schwächen zu achten, besonders stark ausgeprägt. Einem Menschen, der sich weiterentwickeln will, rät man vor allem, an seinen Schwächen zu arbeiten. Ein Fußballer mit einem schwachen linken Fuß bekommt oft zu hören, ihn mehr trainieren zu müssen. In der Positiven Psychologie hält man es allerdings für ebenso wichtig, sich auf seine eigenen Stärken zu konzentrieren. Vielleicht ist dieser Fußballer ja ein wahrer Freistoßkünstler. Dann wäre es doch günstig, diese Schusstechnik noch mehr zu trainieren, bis er darin fast perfekt wäre. Die Forschung zur Orientierung an den eigenen Stärken steckt noch in den Kinderschuhen, aber intuitiv scheint es naheliegend, den eigenen Stärken ebenso viel Aufmerksamkeit zukommen zu lassen wie den eigenen Schwächen.[iii] Es ist nichts Falsches daran, an seinen weniger starken Seiten zu arbeiten – ich gebe

iii Im Testzentrum des Mitgliederforums auf der Website (www.ivpp.nl) können Sie auch den VIA-(Values in Action) Fragebogen ausfüllen, der dem Stärkenansatz zugrunde liegt. Mithilfe dieser Frageliste, die weltweit schon 1,5-Millionen Mal ausgefüllt worden ist, können Sie feststellen, wo ihre Stärken liegen.

dazu in diesem Buch genügend Beispiele –, aber es ist auch nicht nötig, sich ausschließlich auf seine Schwächen zu konzentrieren.

Aus einer Reihe von Studien geht hervor, dass wir biologisch darauf programmiert sind, uns überwiegend auf unsere negativen Seiten zu konzentrieren und unsere positiven Seiten weniger zu beachten. Desgleichen belegen sie, dass wir auf negatives Feedback empfindlicher reagieren als auf positives Feedback. Wir sind also eher darauf bedacht, negative Kritik zu vermeiden, als Lob einzuheimsen. Zudem entwickeln sich negative Stereotypen offensichtlich schneller als positive. In allen Bereichen zeigt sich, dass wir negative Informationen schneller und sorgfältiger verarbeiten als positive.[11]

Und das ist bei Weitem noch nicht alles. Wir *sehen* nicht nur mehr negative Punkte an uns selbst, wir legen auch mehr *Wert* darauf. Wir neigen dazu, unsere Schwächen für wichtiger und aussagekräftiger zu halten als unsere Stärken. Ich habe oft mit Klienten zu tun, die ihre Stärken kleinreden. „Das kann doch jeder", behaupten sie, wenn es um ihre Stärken geht. Ihre Schwächen hingegen betrachten sie gleichzeitig als gewaltiges Handicap. In einem Training sprach eine Teilnehmerin davon, wie sehr es sie störe, dass sie so schlampig sei. Ihre Buchführung sei ein einziges Chaos, und ständig würde sie irgendetwas verlieren. Sie war allerdings sehr kreativ und konnte sich leicht auf unterschiedliche Situationen einstellen. „Na ja", meinte sie, „damit kann man natürlich wenig anfangen." Mit diesem einen Satz fegte sie alle ihre Stärken vom Tisch. Stärken, die aus ihrer Perspektive ohnehin von ihren Schwächen völlig in den Schatten gestellt wurden. Dabei gibt es gar keinen Grund, Ordnung und Disziplin von vornherein höher zu bewerten als Kreativität.

Wir blasen unsere Schwächen oft so sehr auf, bis wir selbst davon überzeug sind, die Einzigen zu sein, die solche Schwierigkeiten hätten. Einer der wichtigsten Vorteile eines Gruppentrainings liegt daher auch darin, dass die Teilnehmer erkennen, mit ihren Problemen nicht allein zu sein. Immer wieder vernehme ich bei diesen Trainings, wie erleichtert Teilnehmer sind, wenn sie mitbekommen, dass ihre Probleme nicht „sonderbar" sind. Wenn es einem an Selbstvertrauen fehlt, neigt man manchmal dazu, die eigenen Schwächen zu dramatisieren. Wenn man ein wenig unstrukturiert ist oder manchmal ein bisschen naiv, bewertet man das gleich als fatale Charakterschwäche. In der Praxis gibt es nun aber einmal eine natürliche Bandbreite unterschiedlicher Charaktereigenschaften; ein jeder hat gewisse Stärken und Schwächen. Kein Mensch ist perfekt, jeder besitzt auch unerfreuliche Eigenschaften. Das ist nichts, worüber man sich aufregen sollte.

Beispiel

Peter erzählt nach einigen Gesprächssitzungen, dass er unter Dyslexie leidet. Er sagt das mit einem Ernst, der mich zunächst etwas befremdet. Dyslexie ist für meine Generation ein weitgehend akzeptiertes Phänomen. Peter ist jedoch etwas älter als ich und schämt sich sehr wegen seiner Rechtschreibschwäche. Er tut alles dafür, sie vor anderen zu verbergen. Das sorgt bei ihm für eine so große Anspannung und verursacht so viel zusätzliche Arbeit, dass er schließlich völlig ausgebrannt ist.

Ich bin davon überzeugt, dass seine Probleme wie Schnee in der Sonne hinwegschmelzen würden, wenn er offener mit seiner Schwäche umgehen und an seinem Arbeitsplatz erzählen würde, dass er an Dyslexie leidet. Er könnte sich eine Menge Stress ersparen, wenn er nicht ständig versuchte, sein Problem vor den anderen zu verbergen. Es gelingt mir jedoch nicht, ihn davon zu überzeugen. Zu sehr fürchtet er Hänseleien am Arbeitsplatz.

In den folgenden Sitzungen sprechen wir darüber, wie er sich selbst sieht. Es wird deutlich, dass seine Dyslexie sein Selbstbild völlig überschattet. All seine Stärken werden von diesem einen Aspekt seiner Persönlichkeit entwertet. Die Übung auf Seite 32 („Entdecken Sie Ihre Stärken") erweist sich für ihn als hilfreich. Denn sie relativiert die Dyslexie ein wenig und erleichtert es ihm, seine guten Charaktereigenschaften zu erkennen. Dadurch löst sich seine Anspannung. An seinem Arbeitsplatz möchte er lieber immer noch nichts von seinem Problem erzählen, aber er erkennt, dass es kein Weltuntergang wäre, wenn seine Schwäche dort eventuell ans Licht käme.

Dass man biologisch und kulturell zu einem gewissen Denkmuster neigt, bedeutet nicht, dass diese Gedanken unvermeidlich wären. Es bedeutet lediglich, dass es einige Mühe kostet, sein Denken zu ändern. Als der Mensch noch im Urwald lebte, war es für ihn lebenswichtig, hinter jedem Baum einen Tiger zu wähnen. Doch in der heutigen Gesellschaft lauern bei Weitem nicht mehr so viele Gefahren. Daher macht es heute keinen Sinn mehr, seinen Schwächen größere Beachtung zu schenken als seinen Stärken. Für wen sollte sich denn heute eine solche Haltung noch als nützlich erweisen?

Ich kann Ihnen garantieren, dass das für andere keine große Rolle spielt und Sie sich selbst bloß miserabel dabei fühlen werden.

Die Liste Ihrer eigenen Stärken laut vorzulesen hat auch noch einen weiteren Effekt, der über das bloße Aufschreiben dieser Eigenschaften hinausgeht. Denn durch das Vorlesen Ihrer Stärken wird deutlich, dass *Sie* es sind, der behauptet, diese Stärken zu haben. Sie haben dazu nicht andere befragt, keinen Persönlichkeitstest gemacht und auch nicht das Urteil eines Psychologen eingeholt. *Sie selbst* sagen, dass Sie etwas gut können. Ich hoffe, dass Sie dadurch einsehen, welche Verantwortung Sie für Ihr Selbstbild tragen. Sie sind die Autorität, wenn es um Sie selbst geht. Sie brauchen nicht die Zustimmung anderer einzuholen, um etwas zu Ihnen selbst festzustellen. Viele Menschen haben mit dieser Übung ihre Schwierigkeiten, erleben sie aber letztlich doch als Befreiung. Sie macht ihnen deutlich, dass sie ihrem eigenen Urteil einen Wert beimessen dürfen, und erinnert sie daran, dass sie durchaus manche Stärken besitzen.

Der Sinn der Übung liegt allerdings nicht darin, sich nun jeden Morgen vor dem Spiegel seine Stärken vorzulesen, die Faust zu ballen, auf den Boden zu stampfen und „Yes“ zu rufen. Diese sogenannten „Affirmationen“ erweisen sich für den Aufbau von Selbstvertrauen auf lange Sicht als ziemlich ineffektiv.[12] Die Übung ist vielmehr nur dazu gedacht, Ihnen eine Tendenz vor Augen zu führen, die vielen Menschen vertraut ist, die Tendenz, sich eher seinen Schwächen als seinen Stärken zu widmen.

In den Kapiteln und Übungen zur Selbstwertschätzung, die in diesem Teil des Buches folgen, werde ich auf weitere Möglichkeiten eingehen, das eigene Selbstbild positiver zu gestalten.

3. | Was ist Selbstwert?

Im ersten Teil dieses Buches habe ich schon kurz thematisiert, was Selbstwert ist. Ich habe darauf hingewiesen, dass Selbstwert aus zwei Teilen besteht:

1. aus der Überzeugung, etwas wert zu sein;
2. daraus, eine gute Vorstellung von den eigenen Werten zu haben (und auch sein Handeln daran zu orientieren).

In diesem Kapitel gehe ich zunächst auf den ersten Aspekt ein, den wir auch „Eigenwert" nennen können. Aus einer Reihe von Studien geht hervor, dass der Eigenwert von Menschen mit geringem Selbstvertrauen *oft an Bedingungen gebunden* ist. Sie fühlen sich erst dann wohl, wenn sie bestimmte Bedingungen erfüllen, wenn sie zum Beispiel viel Geld verdienen, berühmt sind oder etwas Besonderes geleistet haben. Nur wenn sie einer gewissen Anzahl dieser Bedingungen entsprechen, können sie mit sich selbst zufrieden sein.

In manchen Fällen stellen sich die Betroffenen selbst diese Bedingungen. Marianne zum Beispiel haderte mit sich, wenn sie beim Einkauf mal etwas vergessen hatte. Sie hielt sich dann selbst für schludrig und damit zugleich für minderwertig. Johan war von sich enttäuscht, weil er abends manchmal länger vor dem Fernseher hängen blieb, als er sich das eigentlich vorgenommen hatte. Obwohl er wusste, dass er Schlaf brauchte, konnte er sich manchmal nicht vom Fernseher losreißen. Er sah in seinem Verhalten einen Mangel an Selbstdisziplin, und das wirkte sich negativ auf seine Einschätzung seines Eigenwertes aus. Er beschrieb sich selbst als Schnarchnase und Trantüte. Nicht selten erwarten solche Menschen von sich selbst, perfekt zu sein. Jede Abweichung von dem Idealbild, das sie von ihrem Leben haben, sehen sie als Versagen an. Diese Einstellung bezeichnet man als Perfektionismus (siehe Kapitel 10).

Andere wiederum fühlen sich an die Normen gebunden, die ihnen die Gesellschaft auferlegt, sie sorgen sich vor allem darum, was andere von ihnen denken könnten, und geben ihr Bestes, um sie zu beeindrucken. Sie kaufen sich ein dickes Auto, tragen Markenkleidung oder vollbringen spektakuläre Leistungen. Im Film *American Psycho*[13] gibt es eine wunderbare Szene, in der einige Bankiers herauszufinden versuchen, wer die schönste Visitenkarte hat. Zuerst zeigt die Hauptperson stolz ihre Visitenkarte, gerät aber völlig in Panik, als sie bemerkt, dass die Karten der anderen noch schöner als ihre eigenen sind. Während sie die Karten miteinander vergleicht, ist zu hören, was sie dabei denkt: „Ich kann es nicht fassen, dass Bryce Van Pattens Karte noch schöner findet als meine." Sein eigener Wert hängt aus seiner Sicht zu einem großen Teil davon ab, wie eindrucksvoll seine Visitenkarte ist. Als sich herausstellt, dass diese im Vergleich zu den Karten der anderen wenig hermacht, bricht ihm der Schweiß aus, er ist einem Nervenzusammenbruch nahe. Wie sinnentleert seine Reaktion ist, wird in dem Film noch besonders dadurch hervorgehoben, dass alle Karten genau gleich aussehen. Wenn das auch aus dramaturgischen Gründen übertrieben dargestellt ist, so kennen wir doch alle solche Menschen, die ständig nur damit beschäftigt sind, bei anderen Eindruck zu schinden. Vielleicht haben Sie selbst auch schon einmal jemanden widerwillig bewundert, der das geschafft hat, worum Sie sich erfolglos bemüht haben.

Das Problem dieser Form des Selbstvertrauens liegt darin, dass es von Leistungen und der Anerkennung anderer abhängt. Solange man erfolgreich ist und eine gute Karriere macht, fühlt man sich gut. Muss man jedoch einmal eine Niederlage einstecken, sinkt das Selbstvertrauen schlagartig. Und solche Niederlagen lassen sich kaum vermeiden, mag man auch noch so erfolgreich sein. Man wird wohl immer im Leben damit konfrontiert werden, dass jemand etwas besser kann als man selbst. In solchen Fällen wirkt sich das negativ auf das Selbstvertrauen aus. Vergangenes Jahr konnte ich im Hafen von Genua ein schönes Beispiel dazu aus der Nähe betrachten. Einige sehr teure Jachten wurden dort von einer noch größeren und noch kostspieligeren Jacht buchstäblich in den Schatten gestellt. Die Besitzer der kleineren Jachten waren natürlich sehr erfolgreich, aber hier, in diesem Hafen, war mit ihrem Erfolg wenig Staat zu machen. Ich kann mir gut vorstellen, dass das für einige der Jachteigner (deren Selbstwert sich auf ihren Besitz gründete) eine bittere Erkenntnis gewesen sein muss.

Durch Leistung die Anerkennung anderer zu erringen ist eine höchst fragile Sache. Der Versuch, von allen und jedem gemocht und bewundert zu werden, gehört wahrscheinlich zu den illusorischsten und lähmendsten Bemühungen, die es gibt. Denn dabei hat man in einem fort damit zu tun, andere zufriedenzustellen und zu beeindrucken. Das ist nicht nur sehr anstrengend, sondern auch vollkommen aussichtslos. Mag man auch nach Kräften sein Bestes geben, es wird immer Menschen geben, die einen aus unergründlichen Gründen nicht mögen. Oft ist der Versuch, anderen „zu gefallen", sogar kontraproduktiv. Nicht wenige hassen es, wenn man ständig versucht, sie zu beeindrucken. Es wirkt schnell kriecherisch und angepasst. Menschen, die immer auf Anerkennung und Lob aus sind, gehören oft nicht zu den angenehmsten Zeitgenossen, andere suchen selten ihre Nähe.

Daher gehe ich davon aus, dass der Eigenwert eines Menschen in seinem Kern nicht an Bedingungen geknüpft sein darf. Damit meine ich, wir sollten grundsätzlich voraussetzen, dass ein Mensch *an sich* schon etwas wert ist, allein weil er ein Mensch ist. Ich bin der Auffassung, dass unser Wert als Mensch nicht von unserer Leistung, unserem Einkommen, unserer Berühmtheit oder von was auch immer abhängt. Wir müssen nicht beweisen, dass wir etwas wert sind. Diesen Wert haben wir schon von Geburt an. Mit anderen Worten, unser Wert ist unabhängig von unserem Können. Jeder ist etwas wert, ohne dass er bestimmte Bedingungen erfüllt. Mit dieser radikal anderen Sicht des Eigenwerts eines Menschen lassen sich viele Probleme, die zu einem Mangel an Selbstvertrauen führen, vermeiden.

Wenn ich auf diesen Punkt in meinen Trainings eingehe, erklären mir Klienten oft, dass meine Auffassung „nebulös“ oder „idealistisch“ sei. Als Reaktion auf ein Interview, das ich der Tageszeitung *Volkskrant* gegeben hatte, hat ein Leser Folgendes geschrieben: „Ich betrachte das eher als eine Bemerkung, die diejenigen, die den Anschluss verpasst haben, beruhigen soll.“ Manche Menschen sehen in dieser Ansicht also einfach den Versuch, sich nicht der harten Realität stellen zu müssen. Darin wird deutlich, wie stark die Vorstellung, dass der Wert eines Menschen von seiner Leistung abhängt, in unserer Kultur verankert ist. Viele haben sich so daran gewöhnt, dass sie das als absolute Wahrheit verinnerlicht haben. In seinem Buch *Statusangst* erläutert Alain de Botton, woher diese Überzeugung kommt. Früher war unser gesellschaftlicher Status viel stärker von vorneherein festgelegt. Wer als Bauer geboren wurde, blieb auch Bauer. Die individuellen Einflussmöglichkeiten auf den eigenen Status waren daher gering. Heute hingegen hängt der eigene Status viel stärker von der Leistung des Einzelnen ab. Wer viel leistet, dem bietet sich durchaus die Chance, einen höheren sozialen Status zu erreichen als seine Eltern. Das bedeutet aber auch, dass nun die alleinige Schuld für einen weniger hohen Status bei einem selbst liegt. Daher weist im Denken vieler Menschen ein niedriger Status auf ein geringes Leistungsvermögen hin. Allerdings hält diese Vorstellung, dass sich der Wert eines Menschen an seinem sozialen Status ablesen lasse, einer kritischen Betrachtung nicht stand. Im Folgenden werde ich drei wichtige Gradmesser für sozialen Erfolg unter die Lupe nehmen und deutlich machen, warum diese über den Wert eines Menschen an sich nicht viel aussagen.

Reichtum

Der einflussreichste Gradmesser ist zweifellos finanzieller Erfolg. Reichtum ist in den Niederlanden ein wichtiger Maßstab für sozialen Erfolg. Hier legt man viel Wert darauf, dass es sogar eine Zeitschrift gibt, die regelmäßig die fünfhundert reichsten Personen in den Niederlanden auflistet. Dennoch sagt Reichtum wenig über den Wert eines Menschen aus. Wenn man mit seiner Arbeit mehr verdient, bedeutet das nicht, dass sie auch wertvoller ist. Gute Pokerspieler können Millionen verdienen, aber wer würde behaupten wollen, dass ihre Arbeit wertvoller ist als die eines Bauarbeiters oder eines Krankenpflegers? Superreiche Menschen wie Bill Gates oder

Richard Branson sind in ihren großen Leistungen zudem von Tausenden von Mitarbeitern abhängig, die tagtäglich dafür sorgen, dass ihre Unternehmen florieren. In diesem Sinne könnte man sich wie der amerikanische Komiker Joe Rogan fragen: Würde man Bill Gates mit nichts außer einer Machete ausgestattet im Wald absetzen, wie lange würde es dann wohl dauern, bis er eine E-Mail senden könnte?[14] Sind die Mitarbeiter, die die Arbeit machen, nun weniger wert als die großen Bosse, die davon profitieren? Ich glaube, das lässt sich kaum behaupten.

Bekanntheit

Ein anderer Gradmesser für sozialen Erfolg ist Bekanntheit. In Zeiten von Realitysoaps und Fernsehsendungen wie *Big Brother* ist Bekanntheit zu einem eigenständigen Wertmaßstab geworden. Man muss nichts mehr können, um berühmt zu werden. Dennoch neigen wir dazu, Berühmtheiten wichtiger zu finden als normale Menschen. Für jeden berühmten Soap-Star arbeiten allerdings viele unbekannte Ärzte, Sekretärinnen und Busfahrer. Wer wollte behaupten, sie würden weniger zur Gesellschaft beitragen? Und wer wagte es zu sagen, eine Putzfrau, ein Makler oder eine Krankenschwester, die jahrelang gute Arbeit leisten, seien weniger wert als Dieter Bohlen, Désirée Nick oder Ross Anthony?

Leistungen

Besondere Leistungen sind ebenfalls ein wichtiger Gradmesser für sozialen Erfolg. Lange Zeit war Dart in den Niederlanden eine völlig unbeachtete Sportart, bis plötzlich Raymond van Barneveld gewann. Und als Richard Karijcek in Wimbledon Erfolg hatte, wurde Tennis bei uns über Nacht zu einer der beliebtesten Sportarten. Menschen, die gewinnen, stehen sofort im Mittelpunkt. Doch auch hier kann man sich fragen, ob unsere Faszination für das Gewinnen nicht etwas übertrieben ist. Im Sport lässt sich die Begeisterung für das Siegen vielleicht noch nachvollziehen, obwohl es auch dort in jedem Wettkampf auch Verlierer geben muss. Im alltäglichen Leben stellt sich das alles noch viel komplexer dar. Viele von uns gewinnen nie etwas, leisten aber dennoch einen wichtigen Beitrag zur Gesellschaft. Sind sie deshalb wenige wert? Ich nehme an, dass Sie inzwischen verstanden haben, wie ich darüber denke.

Der Kern meines Arguments liegt in Folgendem: Es ist nichts Falsches daran, nach Reichtum, Berühmtheit oder Leistung zu streben. Mit all diesen Dingen sind angenehme Vorzüge verbunden. Man kann ein luxuriöses Leben führen, es kann die

Partnersuche vereinfachen und außerdem erlebt man noch so manches. Alles schön und gut. Man sollte jedoch nicht den Fehler begehen anzunehmen, dass der eigene *Wert* als Mensch von diesen Dingen abhängt, dass man erst dann ein guter Mensch ist, wenn man gewinnt, reich oder berühmt ist. Denn das hat nichts miteinander zu tun. Sozialer Erfolg und Selbstwert sind im Prinzip voneinander unabhängig.

Klienten weisen mich manchmal darauf hin, dass die „Gesellschaft nun einmal so funktioniere“. Schönen, reichen, berühmten Menschen schenke man nun einmal mehr Aufmerksamkeit als Menschen, die hässlich, langweilig und unbekannt sind. Ich glaube, man kann dem wenig entgegenhalten, wir können dieses Phänomen ja jeden Tag beobachten. Ich möchte Sie jedoch davon überzeugen, dass Sie diese Mechanismen der Gesellschaft nicht auf sich selbst beziehen müssen. Die Tatsache, dass schöne, reiche und berühmte Menschen eher im Mittelpunkt stehen, bedeutet noch nicht, dass sie deshalb auch mehr wert sind. Die Tatsache, dass schöne Menschen leichter eine Stelle finden, bedeutet nicht zwangsläufig, dass sie in ihrem Job besser sind als unauffälligere Bewerber. Es bedeutet nur, dass sie leichter eine Anstellung finden.

Die Vorstellung, unser Wert als Mensch hänge von unserem sozialen Status ab, hat sich tief im gesellschaftlichen Bewusstsein eingenistet. Darum habe ich mich in den vorhergehenden Zeilen so sehr darum bemüht, diese Vorstellung zu entkräften. Das ist jedoch nicht nur meine private Auffassung. Die Vorstellung, dass jeder Mensch etwas wert ist, ist ganz im Gegenteil sogar ein prägendes Element unserer Gesellschaft. Man könnte sogar behaupten, sie sei eines ihrer wesentlichsten Prinzipien. Nicht umsonst geht der erste Artikel des niederländischen Grundgesetzes (ähnlich Artikel 3 des deutschen Grundgesetzes) von der Gleichheit aller Bürger aus: *Alle, die sich in den Niederlanden aufhalten, werden in gleichen Fällen gleich behandelt. Niemand darf wegen seiner religiösen, weltanschaulichen oder politischen Anschauungen, seiner Rasse, seines Geschlechtes oder aus welchen Gründen auch immer diskriminiert werden.*

Vor allem der Satzteil „aus welchem Grund auch immer“ ist hier interessant. Hier steht explizit, dass es nicht gerechtfertigt ist, einen Menschen anders zu behandeln, nur weil er sich in irgendeiner Weise von jemand anderem unterscheidet. In den Niederlanden gibt es zum Beispiel keine Klassenjustiz. Der Metzger vom Laden um die Ecke hat die gleichen Rechte wie der Topmanager eines multinationalen Konzerns. Es ist mir natürlich bewusst, dass sich das in der Praxis augenscheinlich nicht immer durchsetzen lässt, aber wir sind doch immerhin bemüht, jeden gleich zu behandeln. Und dieses Bemühen entspringt der Vorstellung, dass alle Menschen gleich viel wert sind.

Mit einem traurigen Beispiel für die Gleichwertigkeit von Menschen bin ich in meinem Urlaub konfrontiert worden. In der Nähe meines Campingplatzes war ein Junge kopfüber in einen See gesprungen, ohne zu ahnen, dass dieser See sehr flach war. Er musste von anderen aus dem Wasser gezogen werden. Bald darauf wurde deutlich, dass er voraussichtlich für den Rest seines Lebens vom Hals ab gelähmt sein würde. In Hinsicht auf seine Leistungsfähigkeit ist er für die Gesellschaft nicht mehr viel wert. Wahrscheinlich wird er sein ganzes Leben auf andere angewiesen sein und nur schwer einen Arbeitsplatz finden. Dennoch folgern wir daraus nicht umstandslos, dass es für ihn besser wäre zu sterben. Auch ein völlig gelähmter Mensch ist wertvoll. Allein weil er ein Mensch ist.

Auch in weniger extremen Fällen wird deutlich, dass die Gesellschaft Verständnis dafür aufbringt, dass Menschen unter bestimmten Umständen weniger leisten können. Unser Sozialsystem geht davon aus, dass es Menschen nicht immer selbst zuzuschreiben ist, wenn sie nicht für sich sorgen können. Zum Beispiel können ökonomische Krisen dafür verantwortlich sein, dass man keine Arbeit findet. Und Krankheit kann ursächlich dafür sein, nicht arbeiten zu können. In solchen Fällen überlässt die Gesellschaft ihre Bürger nicht einfach ihrem Schicksal. Auch Menschen, die vorübergehend oder längerfristig keinen Beitrag zur Gesellschaft leisten können, sind wertvoll genug, um Unterstützung zu verdienen.

Bei den Eskimos war es früher offenbar üblich, dass alte Menschen Suizid begingen, wenn sie nichts mehr zur Gemeinschaft beitragen konnten. In unserer Gesellschaft kommt das nicht infrage. Auch hoch demente alte Menschen, die nur noch vor sich hindämmern, werden versorgt. Unser Wert als Mensch ist – wie diese Beispiele und zahllose andere Umgangsweisen in unserer Gesellschaft zeigen – im Wesentlichen von der schlichten Tatsache bestimmt, dass wir Menschen sind.

BEISPIEL

Jonathan kann sich nur sehr schwer von der Vorstellung, dass persönlicher Erfolg über unseren Wert entscheidet, lösen. Er ist der Chef der Marketingabteilung eines großen Unternehmens und hat vor allem angesichts seines noch jungen Alters schon eine beachtliche Karriere gemacht. Dennoch leidet er unter einem Mangel an Selbstvertrauen. Vor allem in Beziehungen macht er sich sehr abhängig, und das geht seinen Partnerinnen irgendwann auf die Nerven. Jonathan ist ein vehementer Anhänger der Vorstellung, dass der Wert eines Menschen von seiner Leistung und seinen Erfolgen bestimmt wird. Auf den ersten Blick ist das verständlich, denn er ist erfolgreich, und diese Sichtweise rückt ihn in ein günstiges Licht.

Nachdem ich einige Gespräche mit ihm geführt habe, ist das jedoch immer weniger nachzuvollziehen. Denn Jonathan erzählt mir, wie sehr er aufgrund dieser Überzeugung unter Leistungsdruck steht. Er durchforstet regelmäßig die LinkedIn-Seiten von ehemaligen Schulkameraden und früheren Kollegen, um zu kontrollieren, ob sie nicht erfolgreicher sind als er selbst. Außerdem klagt er darüber, nie zu wissen, wer seine wirklichen Freunde sind. Er fürchtet, dass ihn die Menschen, mit denen er Umgang hat, nur seines Geldes wegen schätzen. Sein Leistungsdrang kommt ihm immer wieder in die Quere. Und das, obwohl die Vorteile, die er daraus zieht, minimal sind. Obwohl er viel verdient, ist er mit seinem Einkommen unzufrieden. Denn er vergleicht sein Einkommen mit Bankern und Unternehmern, mit denen er nach eigenen Angaben bei Weitem nicht mithalten kann. Seiner Ansicht nach ist das Leben ein Spiel um Geld, und er ist davon überzeugt, in diesem Spiel nicht besonders gut zu sein.

Es kostet einige Zeit, ihn davon zu überzeugen, dass unser Wert als Mensch nicht auf unserer Leistung beruht. Letzten Endes sieht er jedoch ein, dass in dieser Idee ein Kern von Wahrheit steckt. Dennoch kommt er zum nächsten Gespräch verzweifelt, denn nun fragt er sich: „Woher soll ich denn jetzt ein gutes Selbstwertgefühl bekommen? Wenn ich nicht mehr ständig beweisen muss, dass ich etwas wert bin, womit soll ich mich denn dann beschäftigen?“

Diese letzte Frage wird mir in Gesprächen oft gestellt und deshalb werde ich später noch einmal darauf zurückkommen. Doch nun will ich mich zunächst der Frage, wie man das eigene Denken über sich selbst in einer strukturierteren Weise klären und verändern kann, zuwenden.

4. Verändern Sie Ihr Denken

Das Denken beeinflusst das Fühlen

„Was Sie da sagen, ist ja alles schön und gut, und ich verstehe auch, welche Idee dahinter steht. Allein ich empfinde das noch nicht wirklich so. Was soll ich tun?" Wenn ich in meinen Trainings die Theorie des letzten Kapitels thematisiere, wird mir häufig diese Frage gestellt. Ich finde das immer ermutigend, denn es zeigt, der Teilneher hat begriffen, dass diese Theorie nur dann einen Wert hat, wenn sie zum gewünschten Ziel führt. Und dieses Ziel besteht in der Stärkung des Selbstvertrauens. In diesem Kapitel werde ich etwas detaillierter auf die kognitive Therapie eingehen. Sie bietet eine Möglichkeit, das eigene Denken und die eigenen Gefühle auf strukturierte Weise zu ordnen und zu verändern.

Die „kognitive Therapie"[15] ist eine der am häufigsten angewandten und am besten erforschten Therapiemethoden der Psychologie. Lassen Sie sich nicht von dem Wort „Therapie" im Namen abschrecken. Diese Methode ist für ihre nüchterne und praktische Vorgehensweise bekannt. Sie müssen hier keine Traumata aus Ihrer Jugend ausgraben oder die Beziehung zu Ihren Eltern hinterfragen. Eine Couch ist dazu auch nicht vonnöten. Es wird hier vielmehr mit einfachen praktischen Schritten gearbeitet, um aktuelle Probleme anzugehen. Die kognitive Therapie geht davon aus, dass unser Denken zu einem wesentlichen Teil beeinflusst, wie wir uns *fühlen*. Das lässt sich am besten anhand eines einfachen Beispiels erklären.

BEISPIEL

Nehmen Sie einmal an, Sie gehen mit einem Freund durch den Wald spazieren. In der Ferne sehen sie ein katzenartiges Tier laufen. Obwohl Sie ziemlich weit von diesem Tier entfernt sind, sehen Sie sofort, dass es für eine normale Katze zu groß ist. Sie vermuten, dass es ein Puma ist, denn Pumas sind in diesem Gebiet schon öfter gesichtet worden. Ihr Herz bleibt vor Schreck fast stehen, Sie schauen sich ängstlich nach einer Fluchtmöglichkeit um. Ihr Freund sieht das Tier auch, aber er nimmt an, dass es sich wahrscheinlich bloß um einen etwas zu groß geratenen Kater handelt. Nach einem tiefen Atemzug der herrlich frischen Luft denkt er: „Ist das Leben nicht schön!"

An diesem Beispiel können Sie sehen, in welch starkem Maße die Art und Weise, in der wir über eine bestimmte Situation denken, unsere Gefühle beeinflusst. Hält man das Tier für einen Puma, wird man sich fürchterlich ängstigen. Sieht man in dem Tier einen kräftigen Kater, werden die eigenen Gefühle kaum tangiert. In der Kognitiven Verhaltenstherapie hat man das ABC-Schema entwickelt, um diesen Vorstellungen eine strukturierte Form zu verleihen.[16] Lassen Sie uns diese Situation mithilfe des ABC-Schemas unter die Lupe nehmen.

A. Situation	**Sie selbst:** Tier im Wald	**Freund:** Tier im Wald
B. Interpretation	**Sie selbst:** Das Tier ist ein Puma.	**Freund:** Das Tier ist ein großer Kater.
C. Gefühl / Verhalten	**Sie selbst:** haben Angst / wollen weglaufen.	**Freund:** genießt den schönen Tag / will weitergehen.

Das Schema unterteilt sich in drei Stufen. A ist die Situation, B die Interpretation und C ist das Gefühl und das Verhalten.

Sie können diese Stufen in folgender Weise beschreiben:

Situation

Zur „Situation" gehören die Fakten. Darüber, was Fakten sind, kann man eine tiefgründige philosophische Debatte führen. Aber ich nehme mal an, dass Ihr Interesse daran sehr begrenzt ist. Daher will ich mich hier mit der einfachen Feststellung begnügen, dass ein Faktum etwas ist, was man wahrnehmen kann. Also das, was man sehen, riechen, hören, schmecken, mit den Fingern ertasten oder auf der Haut spüren kann. In unserem Beispiel steht fest, dass es sich um ein Tier handelt, es lässt sich aber nicht eindeutig erkennen, um welches Tier.

Interpretation

Unter B geht es um die Interpretation der Situation. Unter „Interpretation“ verstehe ich die Bedeutung, die wir einer bestimmten Situation geben. Diese Bedeutung geht nicht ohne Weiteres aus der Situation selbst hervor. Manchmal ist das zwar so. Stünde zum Beispiel ein knurrender Puma mit blitzenden Zähnen und Klauen direkt vor Ihrer Nase, bliebe Ihnen wenig Interpretationsspielraum. In den meisten Fällen ist die Situation jedoch für mehrere Interpretationen offen. In unserem Beispiel sehen Sie das Tier nur von Ferne. Daher können Sie die Situation hier unterschiedlich auffassen. Sie interpretieren das Tier als Puma, Ihr Freund als einen zu groß geratenen Hauskater. Aus der Situation selbst ergibt sich nicht eindeutig, welche der beiden Interpretationen richtig ist.

Verhalten

Unter C thematisiere ich schließlich das Verhalten und die Gefühle, die sich aus der Interpretation ergeben. Verhalten und Gefühle sind nicht unabhängig voneinander zu betrachten, sie beeinflussen sich gegenseitig. Ein Angstgefühl führt zu einer Flucht- oder Angriffsreaktion, ein glückliches Gefühl zu einem kreativen Verhalten und einer offenen, neugierigen Haltung.[17]

Nun, da wir wissen, wie das ABC-Schema auszufüllen ist, ist es wichtig zu verstehen, warum wir es so ausfüllen. Diesem Schema liegen drei wichtige Vorstellungen zugrunde.

1. Die Interpretation ist nicht die Situation

Dieselbe Situation lässt sich unterschiedlich interpretieren. In unserem Beispiel sehen Sie und Ihr Freund genau dasselbe: Da läuft ein katzenartiges Tier durch den Wald. Trotzdem interpretieren Sie beide diese Situation unterschiedlich. Offensichtlich wird Ihr Denken also nicht völlig von Ihrer Wahrnehmung bestimmt. Nach demselben Prinzip ist ein Kaninchen für meine Nichte ein kuscheliges Schmusetier und für meinen Metzger ein Leckerbissen.

Wie Sie eine bestimmte Situation interpretieren, hängt unter anderem von Ihrer Persönlichkeit, Ihren Erfahrungen und dem sozialen Umfeld, in dem Sie aufgewachsen sind, ab. Sind Sie zum Beispiel ein vorsichtiger Mensch, werden Sie eher an einen Puma denken. Haben Sie in diesem Wald schon Erfahrungen mit Pumas oder anderen wilden Tieren gemacht, werden Sie in der neuen Situation wieder Ähnliches erwarten. Zusätzlich werden wir von den Medien beeinflusst. Hören Sie im Fernsehen andauernd Berichte von einem Puma, der im Wald herumläuft, werden Sie schließlich in jeder Hauskatze ein tückisches Raubtier vermuten.

Es ist wichtig zu begreifen, dass man eine Situation immer interpretiert und die eigene Interpretation nicht mit der Situation gleichzusetzen ist. Bei manchen Interpretationen, die wir für absolut unumstößlich halten, fällt es uns schwer zu erkennen, dass es sich dabei nur um eine von mehreren möglichen Interpretationen handelt und es nicht eine einzige, richtige Interpretation gibt. Menschen, die im politischen Spektrum eher rechts stehen, werden „Hartz-IV-Empfänger" möglicherweise als faule und arbeitsscheue Typen bezeichnen. Hingegen werden Menschen, die im politischen Spektrum links stehen, eher davon ausgehen, dass es sich um chancenlose arme Habenichtse handelt, die ohne eigenes Zutun in die Klemme geraten sind. Die Situation stellt sich für beide gleich dar: Es gibt Menschen, die keine Arbeit haben. Die Interpretationen unterscheiden sich jedoch wie Tag und Nacht. Und dennoch sind beide voll und ganz davon überzeugt, dass ihre Interpretation die einzig wahre ist.

2. *Ihre Interpretation bestimmt Ihr Gefühl und Ihr Verhalten*

Wenn Sie glauben, durch den Wald, in dem Sie gerade spazieren gehen, streiche ein Puma, wird Ihnen dieser Gedanke wahrscheinlich ziemliche Angst einjagen und Sie in die Flucht schlagen. Gehen Sie aber davon aus, dass es sich bloß um eine große Katze handelt, werden Sie einfach Ihren Spaziergang fortsetzen und weiterhin die herrliche Natur genießen. Sie handeln aufgrund Ihrer Interpretation – Puma oder Katze –, nicht aufgrund der Situation, denn von dieser wissen Sie in diesem Fall nur, dass ein undefinierbares Tier im Wald herumstreunt.

Wie groß der Einfluss von Interpretationen auf unser Gefühl und unser Verhalten sein kann, können wir aus der Vielfalt der Religionen und ihrer praktischen Ausübung ersehen. Die Situation ist für alle Gläubigen gleich. Alle leben auf derselben Welt und verfügen in etwa über dasselbe Wissen. Manche Menschen interpretieren diese Situation als eine Folge der Schöpfung des christlichen Gottes, andere als Folge der Schöpfung Allahs. Die erste Gruppe geht jeden Sonntag in die Kirche, während die zweite fünfmal am Tag betet. Wie Gläubige ihre Situation auf Erden interpretieren, beeinflusst also stark ihre Lebensweise.

3. *Sie entscheiden selbst, welche Interpretation Sie wählen*

Wir wissen nun also, dass wir jede Situation interpretieren. Und wir wissen auch, dass diese Interpretationen unsere Gefühle und unser Verhalten bestimmen. Aber was fängt man mit dieser Erkenntnis nun an? Was kann sie für unsere psychische

Gesundheit und unser Selbstvertrauen beitragen? Sie macht deutlich, dass man die Interpretation einer Situation selbst beeinflussen kann. Zwischen A und C liegt der Schritt, über den man selbst entscheiden kann: die Interpretation. Wir können uns also bewusst dafür entscheiden, über bestimmte Dinge anders zu denken und so Situationen auf andere Weise zu interpretieren. Das kann uns voranbringen und unsere Gefühle verändern. Wir sind, anders formuliert, nicht unverbrüchlich an unsere Gefühle gebunden. Ist man zu der Einstellung erzogen worden, dass es gut ist, eine feste Stelle anzustreben, bedeutet das nicht, dass man sich nicht auch selbstständig machen kann. Ist man in einer Konsumgesellschaft aufgewachsen, bedeutet das nicht, dass man sich per se minderwertig fühlen muss, wenn man keinen teuren Wagen besitzt. Und beurteilt uns jemand anderes negativ, muss das nicht zwangsläufig unser Selbstvertrauen beeinträchtigen. Jeder kann sich selbst seine eigenen Überzeugungen schaffen.

Dasselbe gilt auch für das Verhalten. Wenn man religiös erzogen wurde, muss man nicht sein Leben lang zur Kirche gehen. Und wenn die Medien den Eindruck vermitteln, Schönheit sei für Mädchen das Wichtigste, kann man sich als Frau doch für ein Studium entscheiden. Und mag auch der Staat festlegen, dass Marihuana illegal ist, so bedeutet das nicht unbedingt, dass man nie einen Joint rauchen kann. Jeder hat die Möglichkeit, Situationen nach seinem Dafürhalten zu interpretieren und daran sein Verhalten auszurichten.

Wie Interpretationen unser Leben beeinflussen, lässt sich im größeren Maßstab auch in unserer Gesellschaft erkennen. Nehmen wir den Feminismus als Beispiel. Im Laufe der Geschichte hat es mal eine Zeit gegeben, in der es allgemein akzeptiert war, dass Frauen kein Wahlrecht hatten. Begründet wurde das mit den mangelnden geistigen Fähigkeiten der Frauen, die für ein Verständnis von Politik angeblich nicht ausreichten. Mit der Zeit stellten immer mehr Frauen diese Interpretation infrage. Sie wehrten sich gegen diese Unterstellung. Nach ihrer Ansicht waren Frauen den Männern gleichwertig und durchaus in der Lage, sich in der Politik zurechtzufinden. Die Interpretation der Frauenrechtlerinnen hat die Mehrheit überzeugt und letztlich zu einem allgemeinen Frauenwahlrecht geführt. Hat sich in dieser Zeitspanne etwas an der Situation geändert? Sind die Frauen klüger geworden und ist es deshalb zur neuen Gesetzgebung gekommen? Ganz und gar nicht. Nur die Interpretation hat sich geändert und zu einer großen Wende im Denken und Tun der Menschen in großen Teilen der Welt geführt.

Übrigens haben sich viele Feministinnen früher auch für die Abschaffung der Sklaverei in den USA eingesetzt. Sklaverei ist ebenfalls ein gutes Beispiel dafür, wie sich Interpretationen verändern können. Lange Zeit war es als völlig normal angesehen worden, Sklaven zu halten. Doch dann wurde Sklaverei innerhalb von etwa fünfzig

Jahren weltweit geächtet.[18] Auch in diesem Fall veränderte sich nicht so sehr die Situation. Die Sklaven waren menschlich ebenso wertvoll wie vorher. Allein die Interpretation hatte sich verändert. Sie gab den Ausschlag für das Verbot der Sklaverei.

Die Idee, die hinter der kognitiven Therapie steht, lässt sich also folgendermaßen zusammenfassen: Wir interpretieren jede Situation und diese Interpretationen bestimmen unsere Gefühle und unser Verhalten. Wenn wir unsere Interpretationen verändern, können wir damit auch unsere Gefühle und unser Verhalten verändern. So einfach ist das zumindest in der Theorie. Bald werden wir sehen, dass sich das in der Praxis etwas schwieriger gestalten kann.

Was ist eine gute Interpretation?

Wie wir im Leben stehen, wird weitgehend von unseren Interpretationen bestimmt. Sich der eigenen Interpretationen bewusst zu werden und sie zu verändern kann daher das eigene Leben stark beeinflussen. Wenn Sie daran arbeiten – und ich hoffe, Sie tun es –, werden Sie unweigerlich mit der Frage konfrontiert werden: Welche Interpretation ist die *richtige*? Das lässt sich nicht immer einfach erkennen. In unserem Puma-Katze-Beispiel wäre es möglich gewesen. Hätten Sie ein Fernglas dabeigehabt, hätten Sie leicht feststellen können, mit welchem Tier Sie es zu tun hatten. In vielen anderen Fällen ist das aber längst nicht so einfach und oft sogar unmöglich. Wir haben Religion und Politik schon als Beispiele genannt. In diesen Themenfeldern scheint es unterschiedliche Formen der Wahrheit zu geben. Die Rechten haben eine Wahrheit, die Linken eine andere, und so auch die Muslime und die Christen, sie alle haben anscheinend ihre eigene Wahrheit. Manchmal verhält es sich auch in unserem persönlichen Leben so.

BEISPIEL

Stellen Sie sich vor, bei einem Klassentreffen stellt sich heraus, dass alle anderen eine bessere Stelle haben als Sie. Einige haben eine eigene Firma gegründet, andere sind in leitender Funktion. Sie selbst sind ehrenamtlich tätig, weil sich in Ihrer Branche kaum Arbeit finden lässt. Während Ihres Klassentreffens bewahren Sie Haltung, zu Hause aber weinen Sie bittere Tränen. Sie sehen sich gegenüber Ihren alten Klassenkameraden, die so viel erfolgreicher sind als Sie, als gescheitert an und fühlen sich minderwertig.

Im ABC-Schema sieht das so aus:

A. Situation	Alle auf dem Klassentreffen haben eine Stelle, ich nicht.	
B. Interpretation	Ich bin weniger wert als die anderen.	Mein Wert wird nicht von meiner Stelle bestimmt.
C. Gefühl / Verhalten	Geringer Eigenwert	Keine Veränderung in Gefühl und Verhalten

Die Situation beim Klassentreffen ist unverkennbar: Alle haben einen Arbeitsplatz, außer Ihnen. Sie haben das Gefühl, dass das Ihren Wert als Mensch beeinträchtigt. Sie interpretieren die Situation nämlich so, dass alle, die beruflich besser dastehen als Sie, mehr wert sind als Sie. Die anderen haben sich mehr engagiert, sind klüger und sind deshalb einfach bessere Menschen. Auf der rechten Seite des Schemas habe ich Ihrer Interpretation eine andere gegenübergestellt. Diese Interpretation entspricht eher dem, was wir im vorangehenden Kapitel zum Thema Selbstwert gesagt haben. Die Situation habe ich nicht verändert, denn die stellt sich beim Klassentreffen nun einmal so dar, wie sie ist. Die neue Interpretation hat nun bei Weitem nicht mehr so starke Auswirkungen auf Ihr Gefühl. Sie können daran erkennen, dass das Gefühl, weniger als die anderen wert zu sein, eigentlich nicht von der Situation an sich verursacht wird. Und dass Ihnen Ihre berufliche Situation daher auch nicht so viel ausmachen muss.

Wahrscheinlich werden Sie nicht sofort von meiner neuen Interpretation überzeugt sein. Sie sehen darin vielleicht nur einen Versuch, der Wahrheit nicht ins Auge blicken zu müssen. Dabei würden Sie jedoch übersehen, dass sich auch zu der ersten Interpretation so einiges anmerken lässt. Denn sie unterstellt, dass der Wert eines Menschen nur auf seiner gesellschaftlichen Position beruht. Wer eine gute Position hat und reich ist, ist etwas wert. Wer zu Hause sitzt, ist nichts wert. Die alten Menschen, um die Sie sich im Altersheim ehrenamtlich kümmern, sehen das sicherlich ganz anders. Und ist es nicht einfach Pech, dass Ihre Talente gerade dort (zum Beispiel in der Kunst) liegen, wo sich wenig Geld verdienen lässt? Ich habe hier eigens dieses Beispiel gewählt, weil es für diese Situation nicht die einzig *wahre* Interpretation gibt. Bei unserer Einstellung zu unserer Umwelt geht es nicht um harte Fakten, wie wir sie aus den Naturwissenschaften kennen. Nach Ansicht der kognitiven Therapie sollen Interpretationen nützlich sein. Und sie sind nützlich, wenn sie uns helfen, ein glückliches Leben zu führen. Die Aussage „Mein Wert wird nicht von meiner Arbeit bestimmt" sorgt für ein Gefühl, das viel weniger am eigenen Selbstvertrauen nagt und daher weitaus nützlicher ist. Im Kapitel über Kompetenzen werde ich darlegen, wieso eine solche Interpretation zudem noch zu besseren Leistungen führt.

Der Unterschied zwischen diesem Beispiel und dem Katze-Puma-Beispiel liegt darin, dass es im letzteren Fall *eine* richtige Interpretation gibt. Das Tier, das man sieht, ist entweder ein Puma oder eine Hauskatze. Es kann nicht beides sein. In dem Beispiel des Klassentreffens ist es jedoch nicht wirklich eindeutig zu klären, welche Interpretation die richtige ist. Manche haben einen Arbeitsplatz, andere nicht. Aus der Situation selbst lassen sich keine eindeutigen Hinweise ablesen, was nun besser ist. Alle Werte, die wir dieser Situation beimessen, sind letztlich von Menschen erdacht. Allerdings lässt sich feststellen, dass einige Interpretationen besser funktionieren als andere. Wenn uns ein Weltbild, das von Macht und Erfolg geprägt ist, stresst und deprimiert (und es gibt genügend Studien, die darauf hindeuten), lohnt es sich womöglich, sich ein Weltbild anzueignen, das auf Nächstenliebe und der Stärkung ideeller Werte basiert.

Hält man sich damit nicht selbst zum Narren? Angenommen, Sie sehen ein Tier, das ganz sicher keine Katze ist. Es ist extrem muskulös und hat scharfe Zähne und Klauen. Sie machen sich selbst jedoch vor, es handele sich nur um ein Kätzchen, gehen mit weit ausgebreiteten Armen auf es zu und säuseln dabei: „Komm doch, liebes Kätzchen!" In diesem Fall hielten Sie sich, womöglich mit verheerenden Folgen, tatsächlich zum Narren, denn Sie versuchten, *die Situation durch Ihr Denken zu ändern* – und das funktioniert nicht. Beim Beispiel des Klassentreffens verändern Sie jedoch nur die Interpretation und nicht die Situation. Zahlreiche Studien belegen, dass dies durchaus möglich ist. Und dass sich dies häufig sowohl auf das Lebensglück als auch auf die Gemütslage positiv auswirkt[19] – und sogar einen leistungssteigernden Effekt hat.

Steigern Sie Ihren Eigenwert

Nun, da Sie die Vorstellungen kennen, die für die kognitive Therapie kennzeichnend sind, ist es an der Zeit, sie in der Praxis zu erproben. Dafür gebe ich Ihnen im Folgenden einen Sechs-Schritte-Plan an die Hand.[20]

- Schritt 1: Schildern Sie die Situation so gut wie möglich (A im ABC-Schema).
- Schritt 2: Schildern Sie Ihre Interpretation der Situation (B im Schema).
- Schritt 3: Schildern Sie, welches Gefühl diese Interpretation bei Ihnen auslöst und welches Verhalten daraus resultieren kann (C im Schema).
- Schritt 4: Markieren Sie nun auf einer Skala von 1 bis 10, wie stark das Gefühl (in C) aufgrund der Interpretation (in B) ist. Ist es kaum wahrnehmbar, geben Sie ihm eine 1. Sind Sie davon völlig überwältigt, geben Sie ihm eine 10.
- Schritt 5: Versuchen Sie sich (statt B) eine andere Interpretation auszudenken.
- Schritt 6: Markieren Sie auf einer Skala von 1 bis 10, wie stark das Gefühl ist, das diese neue Interpretation auslöst.

Für die Schritte von 1 bis 3 müssen Sie einfach nur das ABC-Schema ausfüllen. Es geht dabei um die Situation, wie sie sich jetzt gerade für Sie darstellt. Oft bietet es sich an, erst die Zeile A und dann die Zeile C auszufüllen. Denn sehr häufig erkennt man sofort, was sich gerade ereignet und welche Gefühle man in dieser Situation hat. Daraus lässt sich dann erschließen, welche Interpretationen man dem zugrunde legt. Das ist längst nicht immer so klar. Angenommen Sie sind aufgebracht, weil Ihr Partner zu spät zum Essen nach Hause kommt. Die Situation (A) ist dann die folgende: Ihr Partner kommt später zum Essen nach Hause, als Sie es erwartet haben. (Machen Sie sich klar, dass *„zu spät"* bereits eine Interpretation ist. Können sie eine Uhrzeit angeben, wie viel später *„zu spät"* ist?). Sie sind daher aufgebracht (C). Welche Interpretation (B) hat nun bewirkt, dass Sie aufgebracht sind?

Vielleicht vermuten Sie, die Verspätung Ihres Partners sei ein Zeichen dafür, dass er Ihre Kochkünste nicht zu schätzen weiß. Oder Sie glauben, wenn ihm seine Familie wirklich am Herzen läge, würde er nicht so spät heimkommen. Es muss eine *Interpretation* sein, die Sie in Rage bringt. Denn die Tatsache, dass Ihr Partner spät nach Hause kommt, wirkt sich schließlich nicht biologisch auf Ihr Gehirn aus und sorgt deshalb auch nicht direkt dafür, dass Sie aufgebracht sind. Wenn man sich mit dem Hammer auf den Daumen schlägt, löst das sofort ein Schmerzgefühl aus. Die Situation, von der hier die Rede ist, hat jedoch nicht diese unmittelbare Wirkung. Also muss Ihr Gefühl von Ihrer Interpretation ausgelöst worden sein.

In Schritt 4 wird danach gefragt, wie intensiv das negative Gefühl aufgrund dieser Interpretation ist. Sind Sie nur ein wenig verärgert oder so wütend, dass Sie herumschreien?

Anschließend stellen Sie in Schritt 5 Ihre Interpretation infrage: Sind Sie ganz und gar davon überzeugt? Meistens erkennt man sofort, dass man manches vielleicht auch anders sehen könnte. Gehen Sie von solchen Punkten aus und suchen Sie nach weniger negativen Interpretationen.

In Schritt 6 erkunden Sie, wie sich diese neue Interpretation auf Sie auswirkt. Oft hat man Interpretationen, die sehr negative Emotionen auslösen. Findet man positive Alternativen zur ursprünglichen Interpretation, entstehen auch positivere Emotionen. Wenn Sie die Intensität dieser Emotionen mit der Intensität der Emotionen in Schritt 4 vergleichen, können Sie messen, wie sich die neue Interpretation auswirkt.

Manche Menschen machen die Erfahrung, dass ihre Emotionen sofort abflauen, andere spüren anfangs kaum einen Unterschied. Diese zweite Gruppe erwartet oft zu schnell eine zu große Veränderung. Es ist längst nicht immer möglich, negative Interpretationen vollständig durch positive zu ersetzen. Interpretationen kann man sich wie Stimmen im Kopf vorstellen. Wenn man Probleme mit stark negativen Interpretationen hat, meldet sich nur eine einzige Stimme zu Wort, die sehr laut ruft: „Du kannst das nicht", „Du bist nichts wert" oder „Kein Mensch kann dich leiden". Mithilfe des Sechs-Schritte-Plans kann man versuchen, auch einer anderen Stimme Gehör zu verschaffen. Einer Stimme, die sagt: „Wenn du etwas nicht kannst, bedeutet das nicht, dass du nichts wert bist", „Es gibt viele Menschen, die dich mögen" oder „Wenn du dich anstrengst, kannst du es ziemlich weit bringen". Die negative Stimme ist zwar nicht auf einen Schlag verschwunden, doch ihre Gegenwart ist nun nicht mehr so ohrenbetäubend und dominant. Daher sind auch die Gefühle, die nun aufkommen, nicht mehr so negativ.

Im Allgemeinen dauert es eine Weile, bis sich die positiven Gegenstimmen ihren Platz erobert haben. Vergessen Sie nicht, dass die negative Stimme bereits einige Jahre da ist und ziemlich überzeugend sein kann. Außerdem ertönt sie automatisch. Sie ist die Stimme, die Sie unmittelbar hören, wenn etwas passiert. Gedanken lassen sich mit einem Pferd vergleichen, das des Öfteren einen Karren über einen schlammigen Weg zieht. Nach einiger Zeit entsteht im Schlamm eine Spur, in der nun der Karren leichter läuft. Das Pferd wird daher immer automatisch diese Spur suchen. Es ist allerdings auch möglich, eine neue Spur zu ziehen. Anfangs ist diese Spur noch sehr flach und es ist mühsam, den Karren darin zu halten. Bei schlechtem Wetter, wenn es regnet und blitzt, gerät er schnell wieder in die alte Spur. Doch letztlich wird sich auch die neue Spur einkerben und Regen und Sand werden die alten Furchen einebnen. Dann wird das Pferd wie von selbst die neue Spur suchen und der alten nur noch mit Mühe folgen können.

In meiner Praxis sehe ich oft, dass es Menschen, die mit dem ABC-Schema arbeiten, wohl zu Hause am Schreibtisch gelingt, positive Interpretationen zu finden. Doch sobald sie mit einer negativen Situation konfrontiert werden, hören sie wieder die negative Stimme. Sind sie mal wieder unter Menschen, die erfolgreicher als sie selbst sind, übernimmt oftmals die Interpretation „Ich bin nichts wert" wieder die Herrschaft, und zwar mit solcher Macht, dass es ihnen nicht einmal in den Sinn kommt, ihr einen positiven Gedanken entgegenzusetzen. Erst wenn sie länger mit dieser Technik arbeiten, gelingt es ihnen, schneller zu erkennen, wann sich negative Stimmen ankündigen, und ihnen sofort positive Interpretationen entgegenzustellen.

Beispiel

Jeanie fühlt sich unter Menschen nicht besonders wohl. Sie hasst es, zu Geburtstagen, Festen oder Partys zu gehen. Sie fühlt sich minderwertig, und wenn sie mit Leuten reden muss, die einen hohen Status haben, bringt sie erst recht kein Wort heraus.

Die Situation sieht so aus: Sie steht allein auf einem Fest herum und spricht niemanden an. Sie interpretiert diese Situation so, dass die anderen nicht besonders an ihr interessiert sind. Jeannie denkt, die anderen fänden es unangenehm, wenn sie selbst sie anspräche. Aufgrund dieser Interpretation fühlt sie sich sehr unwohl. Außerdem führt es dazu, dass sie auf Festen immer allein herumsteht, was nicht gerade ihr Selbstwertgefühl steigert.

Ich untersuche mit ihr gemeinsam, ob ihre Interpretation richtig ist. Sind die anderen wirklich nicht an ihr interessiert? Woher rührt diese Überzeugung? Sie sagt, an den Ursprung dieser Überzeugung könne sie sich nicht mehr erinnern. Und im Grunde wisse sie objektiv, dass sie falsch ist. Es gibt eigentlich keinen Grund anzunehmen, dass die anderen sich nicht mit ihr unterhalten möchten. Allein diese Überlegungen tragen schon dazu bei, ihr Minderwertigkeitsgefühl abzuschwächen.

In einer speziellen Situation ist Jeannie aber immer noch unsicher: im Umgang mit Personen, die einen höheren sozialen Status haben als sie selbst. Bei Festivitäten in dem Büro, in dem sie arbeitet, ergeben sich manchmal Situationen, in denen sie mit einem der Chefs oder einem Rechtsanwalt reden muss. Dann fühlt sie sich einfach schrecklich, sie ist dann davon überzeugt, dass sie weniger wert ist als ihr Gegenüber. Als sie diese Überzeugung formuliert, fügt sie gleich hinzu, dass sie das eigentlich nicht so sieht. „Tief in meinem Innern weiß ich, dass sie keine besseren Menschen sind als ich.“ Wir reden noch eine Weile darüber, nach einiger Zeit ist sie immer stärker von ihrem eigenen Wert als Mensch überzeugt.

Partys und Geburtstagsfeiern sind noch immer nicht Jeanies liebste Freizeitbeschäftigung, doch es fällt ihr nicht mehr so schwer, sich auf solchen Festen wohlzufühlen. Dass soziale Kompetenzen weiterhin nicht zu ihren Stärken gehören, kann sie durchaus akzeptieren. Es ist für sie ein gutes Gefühl, nicht mehr so ängstlich zu sein und nicht mehr so schnell in Panik zu geraten.

Einige Überzeugungen trifft man bei Menschen mit geringem Selbstvertrauen immer wieder an. Schauen Sie doch einmal, ob Sie sie bei sich selbst auch entdecken. Wenn ja, können Sie vielleicht von mir neue Interpretationen übernehmen oder selbst versuchen, neue zu finden.

Ich bin nur etwas wert, wenn ich etwas leiste

Aufgrund meiner Erfahrung als psychologischer Berater kann ich wohl mit Fug und Recht sagen, dass diese Ansicht zu den Überzeugungen gehört, die unserem Selbstvertrauen am häufigsten im Wege stehen. Sie spielt vor allem im Umgang mit Menschen eine Rolle, die mehr leisten, besser aussehen oder mehr Geld verdienen. Dieser Gedanke kommt häufig in Situationen auf, die dazu einladen, sich mit anderen zu vergleichen.

Es gibt zwei Überzeugungen, mit denen man diesem Gedanken entgegentreten kann. Zunächst einmal die Überzeugung, dass der Wert eines Menschen nicht auf seiner Leistung beruht.

Diesen Gedanken habe ich in den vorigen Kapiteln eingehend besprochen. Außerdem ist es ratsam, sich nicht allzu viel mit anderen zu vergleichen. Es macht mehr Sinn, die eigene Entwicklung in den Blick zu nehmen. Überlegen Sie, wie Sie ihre eigene Leistung (langfristig) steigern können. In einen Wettstreit mit sich selbst zu treten ist emotional viel weniger belastend, als sich mit anderen zu vergleichen. Außerdem ist das etwas, worauf Sie selbst Einfluss nehmen können, was bei den Leistungen anderer oft nicht der Fall ist.

Negativen Aspekten zu viel Aufmerksamkeit schenken

Diese Art von Interpretationen habe ich in der ersten Übung dieses Kapitels bereits thematisiert. Sie kann verschiedene Formen annehmen. Eine Form besteht darin, sich einfach zu sehr den negativen Aspekten zu widmen und die positiven Seiten hintanzustellen. Oft beobachte ich auch, dass sich jemand mit negativen Begriffen beschreibt, sich zum Beispiel einen „Faulpelz“ nennt, nur weil er hin und wieder mal faul ist. So entsteht die Vorstellung, man *sei* ein Faulpelz, obwohl die eigene Persönlichkeit doch eigentlich viel mehr Facetten bietet.

Wenn Sie mit solchen Interpretationen zu kämpfen haben, kann es hilfreich sein, sich sowohl von den eigenen Stärken als auch von den eigenen Schwächen ein gutes Bild zu machen. Kommt dann bei Ihnen wieder einmal der Gedanke auf, Sie seien ein Faulpelz, können Sie ihm entgegenhalten, dass Sie sich zwar hin und wieder gehen lassen, diese Ruhephasen für Ihre Kreativität nun aber einmal erforderlich sind. Auf diese Weise stellen Sie einer Schwäche eine Stärke gegenüber. Eine andere, ebenfalls nützliche Erkenntnis besteht in der Einsicht, dass niemand perfekt ist, also auch Sie nicht. Dieser Gedanke lässt Ihre Schwächen plötzlich nicht mehr als so bedeutsam erscheinen.

Misserfolge persönlich nehmen

Menschen mit geringem Selbstvertrauen interpretieren Misserfolge oder Rückschläge oft als Zeichen persönlichen Versagens. Das ist in der Regel eine übertriebene Schlussfolgerung. In vielen Fällen beruht ein Misserfolg einfach nur auf Pech oder auf Umständen, die man kaum beeinflussen konnte. Für meine Studie zu den Selbstvertrauenstrainings habe ich ziemlich lange Testpersonen gesucht. Schließlich verzeichnete ich 1.400 Anmeldungen.

Viele, die sich angemeldet hatten, musste ich enttäuschen, denn ich konnte nur 100 Testpersonen annehmen. Manche reagierten auf meine Absage verärgert und beklagten, das habe ihrem Selbstvertrauen noch einen zusätzlichen Dämpfer verpasst. Obwohl ich klar gesagt hatte, dass die Auslosung nach dem Zufallsprinzip erfolgte, empfanden sie die Absage als Zurückweisung.

Um solchen Interpretationen begegnen zu können, muss man lernen, Situationen möglichst objektiv zu betrachten und sich dabei genau vor Augen zu führen, welchen Einfluss man selbst auf die jeweilige Situation hat. Stellen Sie sich vor, Ihre Bewerbung um eine Stelle wäre abgelehnt worden. Wie groß war Ihr Einfluss auf diese Situation denn eigentlich? Ich stelle oft fest, dass Bewerber die Ablehnung zunächst einmal ganz sich selbst zuschreiben. Bei näherem Hinsehen ist das allerdings eine klare Fehlinterpretation. Denn meistens gibt es auf eine Stelle Hunderte von Bewerbern, und ein Bewerbungsschreiben bietet nur begrenzte Möglichkeiten, in diesem ganzen Stapel auf sich aufmerksam zu machen. Vielleicht war es einfach nur Pech, dass man Sie dieses Mal abgelehnt hat. Wahrscheinlich gab es einfach noch mehr Bewerber, die für diese Funktion geeignet waren. Das ist nichts, was man sich selbst direkt zum Vorwurf machen kann. Wenn man das einmal eingesehen hat, fällt es einem um vieles leichter, diesen negativen Interpretationen zu begegnen.

Zu viel Wert auf die eigenen Gefühle legen

Das ist eine der problematischsten Interpretationen, denn sie rüttelt an dem wichtigsten Prinzip der kognitiven Therapie. Eine Grundannahme der kognitiven Therapie besagt nämlich, dass unsere Gedanken (oder Interpretationen) unsere Gefühle verursachen. Viele Menschen können das nicht sofort nachempfinden. Auch wenn sie eine Situation neu interpretieren, bleiben ihre Gefühle gleich. Das wird oft als Argument dafür angeführt, dass die Methode nicht funktioniert.

Es ist nicht einfach, dem zu widersprechen. Manche Menschen fühlen sich nun einmal dabei wohler, sich auf ihr Gefühl zu verlassen, und dagegen ist auch nichts zu sagen. Es ist jedoch wichtig, sich klarzumachen, dass Gefühle nicht einfach ohne Weiteres entstehen. Ihnen liegen bestimmte Überzeugungen zugrunde.

Will man ein Gefühl ändern, funktioniert das am besten, indem man seine Überzeugung ändert. Dass sich die Gefühle nicht sofort ändern, liegt oft daran, dass man von einer neuen Interpretation noch nicht wirklich überzeugt ist. In einem solchen Fall kann es hilfreich sein, sich noch einmal die Argumente für die alte und die neue Interpretation anzusehen.

Es gibt allerdings auch Momente, in denen man seinen Gefühlen gegenüber hart sein muss. Merkt man, dass man sich immer wieder von einem Gedankenstrom mitreißen lässt, der die altbekannten deprimierenden Gefühle auslöst, kann es nicht schaden, entschieden zu sagen: „Ach, da ist es ja schon wieder, das Ich-bin-nichts-wert-Gefühl, aber dafür habe ich jetzt keine Zeit. Ich habe anderes zu tun." Gefühlsmenschen fällt es manchmal schwer, die Tatsache einzusehen, dass unsere Gefühle nicht immer recht haben. Manchmal muss man sie einfach mal für kurze Zeit außen vor lassen. Wenn man das einmal eingeübt hat, zeigt sich meist, dass man seine Gefühle viel besser kontrollieren kann, als man gedacht hat.

Um an positiven Interpretationen arbeiten zu können, ist es, wie gesagt, wichtig, zunächst die negative Interpretation offenzulegen. Wenn man das zum ersten Mal macht, sollte man sie sich notieren. Denn das schafft die Möglichkeit, sich aus dem Mahlstrom der eigenen Gedanken zu befreien. Sobald man erkennt, dass sich ähnliche Gedanken öfter wiederholen, sollte man mit dem Notieren aufhören. Auf diese Weise kann man die Fallstricke wahrnehmen und seine ganze Aufmerksamkeit darauf richten, diesen negativen Gedanken in der Praxis etwas entgegenzusetzen.

Für manche Menschen ist die kognitive Therapie ein Wundermittel, das ihnen in kürzester Zeit hilft, sich von ihren negativen Glaubenssätzen zu lösen. Doch meistens braucht das seine Zeit, was häufig mit der Intensität der eigenen Überzeugungen zusammenhängt. Wer stark davon überzeugt ist, wenig wert zu sein, benötigt einige Zeit, bis er damit umgehen kann. Manchmal liegt es auch an der Methode der kognitiven Therapie. Denn vor allem für Gefühlsmenschen ist sie, wie gesagt, eine ungewohnte Form, ihr eigenes Denken und Handeln zu betrachten. Daher ist es nicht mehr als verständlich, wenn es sie Zeit und Mühe kostet, sie zu erlernen. Doch wer sich ihr eingehend widmet, wird von ihr profitieren.

5. Bestimmen Sie Ihre Werte

BEISPIEL

Als sich Jonathan (der Marketingmanager aus Kapitel 3) entschlossen hatte, seinen Selbstwert nicht mehr auf seine Kompetenzen zu gründen, tauchte ein völlig neues Problem auf. Woran sollte er sein Verhalten nun orientieren? Bis dahin hatte ihn vor allem der Gedanke motiviert, besser als andere dazustehen. Er hatte eine Menge Geld verdient, Karriere gemacht und viel Sport getrieben. Dieser Ansatz hatte sich für sein Selbstvertrauen als ziemlich ungünstig erwiesen. Deshalb wollte er daran etwas ändern. Er fragte sich jedoch, was er nun eigentlich tun sollte. In meinem Ansatz zum Selbstvertrauen gehe ich davon aus, dass das Verhalten eines Menschen am besten von seinen eigenen Werten geleitet werden sollte.

Ein klares Bild der eigenen Werte zu haben (also zu wissen, was einem wichtig und wertvoll ist) trägt zum Selbstvertrauen bei. Die Suche nach den eigenen Werten darf man sich nicht allzu leicht vorstellen. Aber auch nicht zu schwer. Sie ist nicht leicht, weil es dabei um die großen Fragen des Lebens geht: Was erwarte ich vom Leben? Was ist mir wichtig? Was macht das Leben lebenswert? Wenn man sich diesen Fragen nicht stellt, wird das Leben klammheimlich an einem vorbeiziehen, sodass man am Ende seines Lebens vielleicht verwundert auf es zurückblicken wird. Denn das Leben wird dann bloß etwas gewesen sein, was einem widerfahren ist. Andererseits darf man diese Frage nach den eigenen Werten aber auch nicht allzu schwer nehmen. Zu glauben, man müsste erst eine genaue Vorstellung von den eigenen Werten haben, bevor man die ersten praktischen Schritte gehen darf, wird einen nicht weit voranbringen. Meistens entscheiden wir uns aufgrund eines „educated guess", also einer wohlbegründeten Vermutung. Hinterher zeigt sich dann, ob diese Entscheidung für uns günstig war oder nicht.

Hier folgen nun eine Reihe von Übungen, die es Ihnen ermöglichen sollen, Ihre Werte zu finden. Bevor Sie mit den Übungen beginnen, sollten Sie wissen, was ich unter Werten verstehe. In diesem Buch werden Werte als Überzeugungen aufgefasst, die festlegen, was uns wichtig oder unwichtig ist. Diese Überzeugungen steuern unser Handeln. Vielleicht sind Ihnen Spaß und Genuss wichtig, dann werden Sie höchstwahrscheinlich oft ausgehen, sexuell sehr aktiv sein und gerne gut essen. Vielleicht legen Sie aber auch mehr Wert auf Tradition, dann werden Sie Dinge, die schon lange Bestand haben, zu schätzen wissen und Ihr Handeln an den Traditionen Ihrer Kultur oder Glaubensgemeinschaft ausrichten.

Der israelische Forscher Shalom Schwartz hat 60.000 Menschen in aller Welt zu ihren Werten befragt.[21] Aus seiner Studie geht hervor, dass eine Reihe von Werten in allen Kulturen positiv eingeschätzt werden.

1. Universalismus (die Vorstellung, Teil eines größeren Ganzen zu sein)
2. Humanismus
3. Konformität
4. Tradition
5. Sicherheit
6. Macht
7. Erfolg;
8. Hedonismus (Genuss und Spaß)
9. Stimulation (schnell fahren, mit Drogen experimentieren, reisen)
10. Selbstbestimmung

Unterschiedlich ist allerdings die Gewichtung, die man bestimmten Werten in den jeweiligen Ländern und Kulturen beimisst. So steht in den USA Selbstbestimmung hoch im Kurs, während in östlichen Kulturen Humanismus und Universalismus hohes Ansehen genießen. Aber natürlich gibt es auch in China und Japan Menschen, die Selbstbestimmung als wichtig ansehen, so wie es in den USA Bürger gibt, die sich Gemeinschaftssinn auf ihre Fahnen geschrieben haben.

Sie sehen also, die Suche nach Ihren eigenen Werten muss nicht gleich zur Folge haben, dass Sie Ihre Stelle aufgeben, um auf einem Greenpeace-Schiff anzuheuern oder Kindern in Afrika zu helfen. Auch wenn Sie durch Erfolg motiviert werden und es Sie befriedigt, Einfluss auszuüben, stehen Werte hinter Ihrem Handeln. Ich werde Ihnen hier nicht erklären, welchen Werten Sie folgen sollen. Die oben genannten Werte dienen nur zur Illustration dessen, was man gewöhnlich unter Werten versteht.

Ist es überhaupt möglich, im Bereich der Werte größere Klarheit für sich zu erreichen? Sicher ist das möglich. Als ersten Schritt sollten Sie sich vor Augen führen, dass dieses Leben Ihr eigenes Leben ist, mit dem Sie tun können, was Sie wollen. Es passiert immer wieder, dass andere uns ihre Werte aufdrängen wollen. Obwohl das sicher nicht die feine Art ist, meinen sie es dabei oft gut mit uns. Glaube ist von je her eine wichtige Quelle von Verboten und Geboten in diesem Bereich. Kein Sex vor der Ehe, fünf Gebete am Tag, das Essen oder Vermeiden bestimmter Speisen, das alles sind Regeln, um gutes von schlechtem Verhalten zu unterscheiden. Auch die eigenen Eltern sind natürlich eine wichtige Wertequelle, denn selbstverständlich ist das Tradieren von Werten Teil jeder guten Erziehung.

Als Erwachsener ist es jedoch an der Zeit, selbst die Verantwortung zu übernehmen, und dazu gehört es auch, sich für seine eigenen Werte zu entscheiden. Eltern ist das nicht immer bewusst. Daher sehen sie es oft als ihre Aufgabe an, auch noch ihre erwachsenen Kinder zur Ordnung zu rufen, wenn sie ihren Erwartungen nicht entsprechen. Auch unsere Partner und Freunde möchten, dass wir uns in einer gewissen Weise verhalten, und versuchen uns davon zu überzeugen. Nimmt man noch den Einfluss der Medien dazu, erkennt man schnell, wie sehr wir von allen Seiten mit Botschaften traktiert werden, die unsere Werte beeinflussen wollen (denken Sie nur an die Werbung, die uns suggeriert, dass auf jedem Fest reichlich Alkohol fließen muss).

Welcher dieser Botschaften soll man nun folgen? Welche ist vernünftig und welche sollte man lieber ignorieren? Manchmal mag es verlockend sein, die Regie aus der Hand zu geben und das Leben zu führen, das einem die Eltern zugedacht haben, oder blind auf den Glauben zu vertrauen. Damit braucht man nicht nachzudenken und enttäuscht niemanden. Im Allgemeinen führt das jedoch weder zu Glück noch zu einem starken Selbstvertrauen. Letztendlich gibt es nur einen Menschen, der entscheiden kann, ob ein bestimmtes Leben zu Ihnen passt. Und das sind Sie selbst. Sie selbst wissen, mit welchem Leben Sie sich wohlfühlen und was Ihnen wichtig ist.

Bedeutet das, dass man keine Rücksicht auf andere nehmen soll? Natürlich nicht. Sie können tun, was Sie wollen, solange Sie anderen damit nicht schaden. Außerdem ist die Beziehung zu unseren Mitmenschen oft einer unserer wichtigsten Werte. Wir *wollen* sie gerade deshalb berücksichtigen, weil wir ihre Nähe und ihre Liebe genießen. Zudem tragen stabile Beziehungen zu unserem Glücksgefühl bei[22], zumindest wenn wir uns dabei nicht selbst aus dem Blick verlieren.

In den allermeisten Situationen stellt sich allerdings gar nicht die Frage, ob wir jemandem schaden. Das heißt, selbst wenn Sie sich daran orientieren, anderen nicht zu schaden, bleiben Ihnen noch gewaltige Spielräume, in denen Sie Ihre eigenen Entscheidungen treffen können. In diesen Fällen ist es klug, sich zu überlegen, was man *selbst* tun will. Um dann entsprechend zu handeln. Menschen sind soziale Wesen und sie neigen daher dazu, in schwierigen Situationen andere um Rat zu fragen. Daran ist an sich nichts auszusetzen – wenn man diesen Rat dazu nutzt, das eigene Urteil zu schärfen. Denn letztlich geht es Ihnen darum, selbst immer besser zu erkennen, was Sie wollen und was für Sie wichtig ist. Sie müssen sich selbst ein Urteil bilden und lernen, auf dieses Urteil zu vertrauen. Selbstvertrauen – das Wort sagt es bereits – ist im Wesentlichen die Fähigkeit, sich selbst zu vertrauen. Und das bedeutet auch, das Gefühl zu haben, auf das eigene Urteil bauen zu können.

Ich werde im Folgenden drei Übungen vorstellen, die Ihnen dabei helfen können, Ihre eigenen Werte zu klären.

Lernen Sie, Entscheidungen zu treffen

Ich gehe davon aus, dass Sie davon überzeugt sind, in Ihrem Leben selbst entscheiden zu dürfen, was Sie tun wollen. Die Frage ist nun: Wie treffen Sie diese Entscheidung? Wir haben heute mehr Entscheidungsmöglichkeiten als je zuvor. Auf der einen Seite ist das zwar angenehm, auf der anderen Seite bringt es aber auch einige Probleme mit sich. Zahlreiche Studien über „Entscheidungsstress“[23] oder das „Dreißigerdilemma“[24] belegen, dass große Wahlmöglichkeiten es noch schwieriger machen, sich zu entscheiden. In dieser Übung gebe ich Ihnen einen Vier-Schritte-Plan dafür an die Hand, Entscheidungen zu treffen.

Zuvor jedoch möchte ich noch etwas genauer auf das Wort „entscheiden“ eingehen. Das Wort könnte nämlich den Eindruck erwecken, man setze sich irgendwo hin, mache eine Liste seiner Werte und handle dann entsprechend. Das ist freilich ein stark idealisiertes Bild dieses Prozesses. Denn unsere Identität und damit auch unsere Werte sind ständig in der Entwicklung begriffen, man kann sie nicht an irgendeinem Nachmittag mal eben für sich klären. Aus diesem Grund ist das Entscheiden auch eher ein Prozess als eine einmalige Handlung.

Die Wissenschaftlerin Herminia Ibarra[25] unterscheidet zwei Formen der Entscheidungsfindung. Die erste nennt sie das Planungs- und Implementierungs-Modell. Man überlegt erst, was man will, und dann wird versucht, es umzusetzen. Gute Karriereentscheidungen (und ich denke auch andere Lebensentscheidungen) folgen nach Ansicht Ibarras jedoch dem Testen-und-Lernen-Modell. Danach bedarf eine Entscheidung zwar einer gewissen Planung, doch diese Planung kann nie für sich eine definitive Antwort liefern. „The proof of the pudding is in the eating“, würden die Engländer sagen. Man kann nur feststellen, ob ein bestimmter Lebensstil zu einem passt, indem man damit experimentiert.

Der niederländische Soziologe und Sozialpsychologe Ruut Veenhoven, der vor allem durch seine Glücksstudien bekannt geworden ist, hat einen Artikel geschrieben, in dem es um die Suche nach dem Leben, das zu einem passt, geht.[26] Er vergleicht diesen Prozess mit dem Kauf eines Mantels:

1. Wer nach einem passenden Mantel sucht, muss sich erst eine Übersicht über das Angebot verschaffen und sich über die üblichen Standards und Verkaufskonditionen informieren.
2. Steht er dann vor dem Kleiderständer, muss er eine Vorstellung davon haben, was ihm stehen könnte, und diese Vorstellung dann vor dem Spiegel verifizieren. Etwas Ungewöhnliches anzuprobieren oder neue Kombinationen zu testen erfordert Mut.
3. Dann muss er selbstsicher genug sein, allzu drängenden Empfehlungen des Verkäufers im Laden zu widerstehen.
4. Schließlich muss er nach dem Kauf für die Möglichkeit offenbleiben, dass er einen Fehlkauf getätigt hat, und daher weiterhin prüfen, ob er sich in dieser Jacke wohlfühlt.

Der erste und zweite Schritt stimmen in etwa mit dem Modell des Planens und Implementierens überein. Man versucht möglichst genau herauszufinden, was man will, und muss dazu die Möglichkeiten eruieren. Mit dem dritten Schritt verweist Veenhoven darauf, wie wichtig es ist, sich ein unabhängiges Urteil zu bilden. Schritt 4 entspricht eher dem Testen-und-Lernen-Modell. Man wagt einen möglichst gut durchdachten Versuch, muss aber später eventuell einsehen, dass er sich als Fehlgriff erweist. Frei übersetzt, handelt es sich also um die folgenden die Schritte:

1. Welche Möglichkeiten haben Sie?
2. Versuchen Sie, auf der Grundlage Ihrer bisherigen Erfahrungen einzuschätzen, welche dieser Möglichkeiten sich für Sie gut anfühlen.
3. Überlegen Sie, was Sie tun würden, wenn Sie nicht die Meinung anderer berücksichtigen müssten, und treffen Sie aufgrund dieser Überlegung Ihre Entscheidung.
4. Bestimmen Sie einen Zeitraum, nach dem Sie Ihre Entscheidung evaluieren. Dieser Zeitraum kann je nach Entscheidung variieren. Geht es um die Entscheidung für eine Ausbildung, hat man oft schon nach einem Monat Klarheit. Handelt es sich um die Entscheidung für einen Wohnort, benötigt man vielleicht etwas mehr Zeit.

Die Übung besteht nun darin, diesen Vier-Schritte-Plan auf einige Aspekte Ihres Lebens anzuwenden. Denken Sie beispielsweise an Ihre Hobbys, Ihre Karriere oder an die Menschen, mit denen Sie zu tun haben. Erweist sich die Übung als fruchtbar, werden Sie lernen, von Ihren eigenen Präferenzen auszugehen, Sie werden Erfahrung darin sammeln, bewusst zu entscheiden (und nicht einfach danach zu entscheiden, was andere tun), und Sie werden lernen, Ihre eigenen Entscheidungen kritisch unter die Lupe zu nehmen. Das sind alles wichtige Kompetenzen, um herauszufinden, was *Ihnen selbst* wichtig ist.

Veenhoven beschreibt diese Schritte in einem Artikel, in dem es um Suche nach einem glücklichen Leben geht. Seine eigenen Werte zu kennen und sein Handeln an ihnen zu orientieren ist nicht nur wichtig für das eigene Selbstvertrauen, es ist auch von Bedeutung dafür, sich wohler zu fühlen und Lebensentscheidungen zu treffen, zu denen man stehen kann. Es lohnt sich also aus mehreren Gründen, seine Werte zu ermitteln und in der Praxis zu erproben.

Um Ihnen bei Schritt 1 und 2 zu helfen, folgen nun noch zwei Übungen, die speziell dafür konzipiert sind, die eigenen Werte zu klären.

Die Zeitreise

Stellen Sie sich vor, Sie wären neunzig Jahre alt. Obwohl Sie noch bei recht guter Gesundheit sind, ist Ihnen durchaus bewusst, dass der größte Teil Ihres Lebens nun hinter Ihnen liegt. Sie sitzen entspannt in einem gemütlichen Sessel auf der Veranda und blicken auf Ihr Leben zurück. Versuchen Sie, sich diese Situation so real wie möglich vorzustellen. Wie würden Sie sich fühlen, wenn Sie an diesem Punkt Ihres Lebens angekommen wären? Wo würden Sie sitzen? Wie würde das ganze Bild aussehen? Was würden Sie sehen, riechen und fühlen?

Versuchen Sie nun die folgenden drei Fragen zu beantworten:

1. Wenn ich auf mein Leben zurückblicke, hätte ich gerne weniger Zeit damit verbracht, mich mit ... abzuplagen.
2. Wenn ich auf mein Leben zurückblicke, hätte ich gerne mehr Zeit damit verbracht, ...
3. Wenn ich mein Leben noch einmal leben könnte, würde ich jetzt* damit beginnen, ... (*jetzt ist der Moment, in dem man die Übung macht).

Notieren Sie die Antworten auf alle drei Fragen.

Aus Studien von Jeff Greenberg und anderen[27] geht hervor, dass die Konfrontation mit unserer eigenen Sterblichkeit das Bild unserer eigenen Werte schärft. Mithilfe dieser Übung versuche ich, diese Konfrontation zu erzeugen. Durch das Hineindenken in eine Situation, in der das Leben schon fast „vollendet ist", fällt es einem leichter, dieses Leben aus der Perspektive einer weisen alten Frau oder eines weisen alten Mannes zu betrachten. Wir kennen diese Perspektive und haben sie alle in uns, sie wird jedoch oft von „äußerlichem Treiben" überdeckt. So habe ich bei dieser Übung beispielsweise noch nie von jemandem gehört, dass er es bedauert habe, in seinem Leben zu wenig ferngesehen zu haben. Und dennoch verbringen wir alle durchschnittlich drei Stunden am Tag damit. Der Automatismus, jeden Abend den Fernseher einzuschalten, wirkt so stark, dass er den Wunsch nach Sinngebung und sinnvolle Freizeitgestaltung verdrängt.

Eine Variante dieser Übung ist auch die bekannte „Grabrede", bei der man gebeten wird, eine Rede für sein eigenes Begräbnis zu schreiben. Auch hier wird man also mit der eigenen Sterblichkeit konfrontiert. In der „Zeitreise"-Übung geht es jedoch vor allem um unsere eigene Sicht auf unser Leben, in der Grabrede hingegen geht es nur darum, wie wir anderen gerne in Erinnerung bleiben würden. Es ist interessant, beide Übungen zu machen. Denn der Unterschied zwischen beiden kann uns einen Einblick in unser Selbst geben. Zum einen zeigt er uns, wie wir selbst sein wollen, zum anderen, wie wir von anderen gesehen werden wollen. Manchmal steht unser Wunsch, den Erwartungen anderer zu entsprechen, dem Wunsch, ein bestimmtes Leben zu führen, im Weg. Dann müssen wir uns zwischen dem, was wir wollen, und dem, was man von uns erwartet, entscheiden oder einen Mittelweg suchen.

Führen Sie ein Tagebuch

Es ist schwierig, mithilfe einer einzigen Übung seinen persönlichen Werten auf die Spur zu kommen. Daher ist es sicherlich sinnvoll, längere Zeit darüber nachzudenken. Ein Tagebuch, in dem man sich täglich in schriftlicher Form mit seinen Werten befasst, kann das erleichtern.

Mögliche Themen wären zum Beispiel:

- Welche Entscheidung musste ich heute treffen? Woran habe ich mich bei diesen Entscheidungen orientiert?

- Welche Ereignisse in den Nachrichten haben mich sehr erschüttert?
- Was betrachte ich als meinen wichtigsten sozialen Beitrag?
- Was fand ich gerecht? Was fand ich ungerecht?
- Bei welchen Handlungen habe ich mich gut gefühlt?
- Welche meiner Verhaltensweisen empfinde ich so, als wären sie nicht meine eigenen?
- Welche Standpunkte habe ich in Diskussionen vertreten?
- Welche Meinung habe ich zu Geschehnissen, die gesellschaftlich oder in meinem persönlichen Leben eine Rolle spielen?

Kurz gesagt, läuft es darauf hinaus, zu untersuchen, warum Sie so handeln, wie Sie handeln. Welche Prinzipien Ihr Leben beeinflussen. Welche Handlungen im Laufe eines Tages Ihnen wichtig und welche Ihnen weniger wichtig sind. Indem Sie darüber regelmäßig schreiben, entwickeln Sie die Gewohnheit, über das, was Sie tun, nachzudenken. Das ist eine wichtige Voraussetzung für die Entdeckung Ihres Selbstwerts.

In diesem Kapitel habe ich mich mit der Stärkung des Selbstwerts befasst. Dabei ging es um das Gefühl, etwas wert zu sein, und darum, sich eine deutlichere Vorstellung von seinen eigenen Werten zu erarbeiten. Im nächsten Teil des Buches geht es um den anderen Aspekt eines optimalen Selbstvertrauens: die Kompetenz.

Teil III

Kompetenz

6. Glauben Sie an sich selbst

BEISPIEL

Die erste halbe Stunde spielt das Fußballteam hervorragend. Das Passspiel läuft wie geschmiert und die Mannschaft spielt sich einige gute Chancen heraus, die leider alle knapp neben dem Tor oder an der Latte landen. Es scheint nur eine Frage der Zeit zu sein, bis das erste Tor fällt. Doch dann, nach einem grotesken Missverständnis, erzielt der Gegner einen Treffer. Mit einem Schlag liegt das Team mit 0:1 in Rückstand. Von da an glaubt das Team plötzlich nicht mehr an den Sieg, und das wirkt sich deutlich auf seine Leistung aus. Das Zusammenspiel kommt ins Stocken, den Spielern fehlt es an Aggressivität und Elan. Schließlich verlieren sie sogar mit 0:3.

Kompetenz ist eine komplizierte Angelegenheit. Einerseits hat sie mit unserem Können zu tun, andererseits aber auch mit unserem Denken. Was ist zum Beispiel in dem erwähnten Fußballspiel passiert? In der ersten halben Stunde hat sich deutlich gezeigt, dass das Können der Spieler groß genug war, um das Spiel zu gewinnen. Ihre Technik war gut und sie haben den Gegner schwindlig gespielt. Dass ihnen kein Tor gelungen ist, war enttäuschend, aber manchmal hat man eben einfach Pech. Mir ihren Kompetenzen hatte das wenig zu tun. Es ist nun kaum vorstellbar, dass ihre Kompetenzen nach dem Gegentor plötzlich geringer geworden sind. Kein Spieler war verletzt und die gegnerische Mannschaft wechselte auch keine neuen Spieler ein, die das Kräfteverhältnis verändert hätten. Dass sie nun so viel schlechter spielten, musste einen anderen Grund haben: Die Spieler hatten den Glauben an ihre Fähigkeiten verloren. Sie waren davon überzeugt, nicht mehr gewinnen zu können, und Sie hatten kein Vertrauen mehr in ihr Können.

Kompetenz besteht also aus dem tatsächlichen Können und dem Glauben daran. Oft ist es schwierig, beides auseinanderzuhalten. Denn beide beeinflussen sich gegenseitig[28].

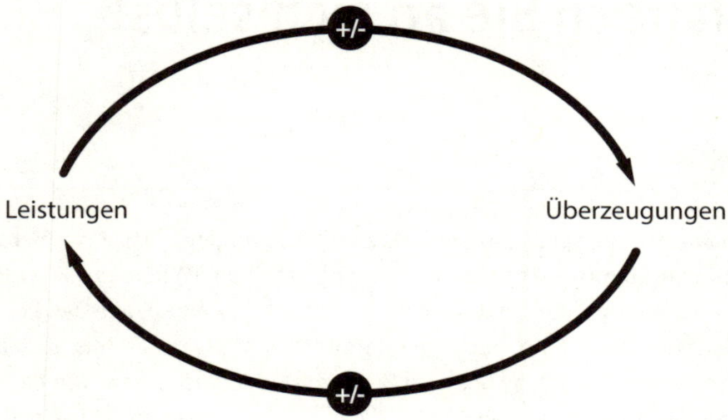

Abbildung 6.1

Angenommen, Sie nehmen eine erste Fahrstunde und haben zuvor schon einige Male mit dem Wagen Ihres Vaters geübt. Da Sie zuvor schon in ruhigen Verkehrszeiten ab und zu ein wenig in Ihrem Viertel rumgekurvt sind, können Sie das Auto schon recht gut unter Kontrolle halten. Weil Sie einiges schon einigermaßen können, verläuft Ihre erste Fahrstunde reibungslos. Nach der ersten Stunde denken Sie: Autofahren ist gar nicht so schwierig. Aufgrund Ihrer Kompetenzen gewinnen Sie also eine positive Überzeugung.

Vielleicht stammen Sie auch aus einer Familie, in der alle ausgezeichnete Autofahrer sind. Alle in Ihrer Familie haben die Führerscheinprüfung auf Anhieb bestanden, und sie haben Ihnen immer wieder erklärt, wie kinderleicht das Autofahren ist. Daher steigen Sie in Ihrer ersten Fahrstunde zuversichtlich und entspannt in den Wagen. Sie passen sehr gut auf und folgen einfach den Anweisungen des Fahrlehrers. Da Sie entspannt und positiv eingestellt sind, meistern Sie Ihre Fahrstunde fehlerlos. Aufgrund Ihrer Überzeugung eignen Sie sich also leicht neue Kompetenzen an.[29]

Es ist nicht einfach zu entscheiden, was zuerst da ist. Beruhen gute Leistungen auf positiven Überzeugungen? Oder bewirken positive Überzeugungen gute Leistungen? Auf jeden Fall lässt sich feststellen, dass sie sich gegenseitig beeinflussen (siehe Abb. 6.1). Daher gehe ich auf beide Aspekte ein. Ich beginne mit den Überzeugungen.

Grundlage des Glaubens in die eigenen Kompetenzen bildet die Überzeugung, Einfluss auf sein Leben ausüben zu können.[30] Auf den ersten Blick wirkt das vielleicht ziemlich banal. Natürlich können wir auf unser Leben Einfluss ausüben! Doch in der Praxis haben viele mit dieser Einsicht so ihre Schwierigkeiten. Vor allem wenn sie mit Rückschlägen zu kämpfen haben, gehen viele schnell davon aus, dass sie „aber auch immer Pech" haben. Ähnlich ging es wohl auch den Fußballern in unserem erwähnten Beispiel. Nachdem sie unglücklicherweise ein Tor kassiert hatten, gingen sie (wahrscheinlich übrigens unbewusst) davon aus, dass sie im ganzen Spiel kein Glück mehr haben würden. Es fiel ihnen schwer zu sehen, wie sie noch das Spiel beeinflussen und das Ruder herumreißen könnten.

Als die Wirtschaftkrise im Jahr 2008 zum ersten Mal deutlich spürbar wurde, habe ich eine Zeit lang als Outplacement-Berater gearbeitet. In dieser Funktion habe ich Klienten geholfen, nach ihrer Entlassung eine neue Stelle zu finden. In der Praxis erkannte ich bald, dass zunächst einmal einige Gespräche notwendig waren, um den Klienten über ihren Verlust hinwegzuhelfen. Eine Entlassung wirkt auf manche Menschen sehr verstörend, und es gab Klienten, die davon wie gelähmt waren. Einigen musste ich nachdrücklich in Erinnerung rufen, dass sie ihr weiteres Schicksal selbst beeinflussen konnten.

In vielen Fällen waren die von mir beratenen Klienten wegen der Wirtschaftlage und nicht wegen ihrer mangelnden Leistungen entlassen worden. Wenn der Umsatz eines Unternehmens mit hundert Arbeitnehmern innerhalb eines Jahres um die Hälfte sinkt, lässt sich diese Einbuße sicherlich nicht der mangelnden Leistung eines einzigen Mitarbeiters, etwa – wie in einem meiner Fälle – eines Arbeitsvorbereiters, zuschreiben. Wenn der Arbeitsvorbereiter dennoch entlassen wird, bedeutet das nur, dass er einfach Pech hatte. Doch das muss noch lange nicht bedeuten, dass er auch zukünftig immer Pech haben wird. Dennoch war das die Überzeugung, die bei vielen der entlassenen Klienten vorherrschte. Sie hatten das Gefühl, dem Schicksal ausgeliefert zu sein. Und zwar obwohl sie ihrem Glück selbst auf die Sprünge hätten helfen können, wenn sie ihre Netzwerke aktiviert und sich beworben hätten. Je mehr sie sich darum bemüht hätten, desto größer wäre ihre Chance gewesen, wieder eine neue Stelle zu finden. Oft fordert es mich ziemlich viel Beredsamkeit, sie davon zu überzeugen.

Martin Seligman, einer der Begründer der Positiven Psychologie, hat bahnbrechende Untersuchungen zu diesem Phänomen durchgeführt, das er als erlernte Hilflosigkeit bezeichnet.[31] In einer seiner Studien steckte er Hunde in einen Käfig mit zwei Boxen. Zwischen beiden Boxen war eine Trennwand. Im ersten Teil des Versuchs war die Trennwand geschlossen. Den Hunden wurden eine Reihe unangenehmer Elektroschocks verabreicht. Zunächst versuchten sie, diesen Stromschlägen zu entgehen. Sie standen auf, liefen im Käfig herum und suchten eine Möglichkeit, ihnen zu entkommen. Schließlich fanden sich die Hunde damit ab und nahmen ihr Los geduldig hin. Im nächsten Teil des Experiments wurde die Trennwand entfernt. Die Hunde hätten nun in die andere Box flüchten können, wo sie den Elektroschocks nicht mehr ausgesetzt gewesen wären. Es zeigte sich allerdings, dass die meisten Hunde auch in dieser

Situation liegen blieben. Sie hatten in der ersten Situation gelernt, dass eine Flucht nicht möglich war, und gingen daher ohne Weiteres davon aus, dass sich dies in der neuen Situation ebenso verhalten würde.

Eine ähnliche Studie mit Menschen, in der nicht mit Elektroschocks, sondern mit lauten Tönen experimentiert wurde, führte zu dem Ergebnis, dass drei Überzeugungen dazu beitragen, sich hilflos zu fühlen.

1. Das Problem ist permanent: „Es wird sich nie mehr ändern oder auflösen."
2. Das Problem ist persönlich: „Es ist alles mein Fehler."
3. Das Problem ist allumfassend: „Jetzt, wo ich keine Stelle mehr habe, werde ich bestimmt auch noch meinen Partner und mein Haus verlieren."

Dieses Überzeugungsmuster war bei meinen Klienten, die ich auf der Suche nach einer neuen Arbeitsstelle begleitete, deutlich wiederzuerkennen. Obwohl es klar war, dass sie aufgrund der Wirtschaftskrise entlassen worden waren, nagte an ihnen weiterhin der Verdacht, auch ihre mangelnde Leistung hätte dazu beigetragen. Sie interpretierten das Problem also als ein persönliches Problem. Außerdem waren viele davon überzeugt, nie wieder eine Stelle zu finden und dauerhaft arbeitslos zu sein. Das wiederum veranlasste sie zu verallgemeinernden Schlussfolgerungen.

So sorgten sie sich darum, dass sie die Hypothek nicht mehr bezahlen können würden, dass ihre Frau sie verlassen und ihr eigenes Leben völlig aus der Bahn geraten würde. Der Begriff „hilflos", den Seligman in seiner Studie verwendet hat, charakterisierte den Zustand einiger meiner Klienten meiner Ansicht nach perfekt. Sie glaubten nicht an die Chance, ihrer Situation entfliehen zu können, sie waren tief und fest davon überzeugt, dass ihre Arbeitslosigkeit ewig andauern würde. Wie die Praxis zeigte, war das maßlos übertrieben. Denn während eines einjährigen Outplacement-Prozesses finden 90 Prozent der Klienten wieder eine neue Stelle. Das gilt auch für Arbeitnehmer über fünfzig. Damit das möglich wird, müssen die Betroffenen natürlich erst einmal selbst an ihre Chance glauben. Denn erst dieser Glaube sorgt dafür, dass sie die nötigen Anstrengungen unternehmen, um wieder in den Arbeitsmarkt zu kommen.

Seligman wurde, wie gesagt, einige Zeit später zum Begründer der Positiven Psychologie. Damals interessierte er sich für erlernten Optimismus, das positive Pendant zur erlernten Hilflosigkeit. Seine Studie belegte nämlich auch, dass nicht alle Menschen bei Fehlschlägen hilflos reagieren. Die Auffassungen dieser Menschen sind den oben beschriebenen genau entgegengesetzt:

1. Der Problem ist nur vorübergehend: „Nach Regen folgt Sonnenschein, meine Zeit wird noch kommen."
2. Das Problem ist nicht persönlich: „Ich hatte einfach Pech, nächstes Mal habe ich mehr Glück."

3. Das Problem ist nicht allumfassend: „Wenn ich meinen Arbeitsplatz verliere, muss das nicht gleich bedeuten, dass mein Liebesleben auch in die Brüche geht und dass ich in allen anderen Funktionen, die ich in der Zukunft übernehmen werde, ebenfalls scheitern werde.“

Für Menschen, die im Verkauf arbeiten, ist eine derartige optimistische Einstellung besonders wichtig. Im Außendienst werden sie täglich mehrfach abgewiesen. Wenn sie das jedes Mal persönlich nehmen, werden sie es als Verkäufer nicht weit bringen. Und wenn man aufgrund einer Ablehnung darauf schließt, dass einen auch die nächsten Kunden abweisen werden, wird die Karriere in diesem Bereich schnell beendet sein. In manchen Verkaufstrainings wird deshalb darauf hingewiesen, dass auch Ablehnungen wertvoll sind.

Kein Verkäufer kann bei jedem Gespräch einen Kauf abschließen. Angenommen, ein durchschnittlicher Verkäufer hat bei jedem zehnten Verkaufsgespräch Erfolg. Dann sollte er möglichst schnell die neun Gespräche hinter sich bringen, in denen er nichts verkauft. Jede Absage bringt ihn einem tatsächlichen Verkauf näher. Auf diese Weise kann man sich gut vor Augen führen, dass Ablehnungen nicht von Dauer sind, und nimmt sie auch nicht persönlich.

Gerade in schwierigen Situationen ist es wichtig, sich eingehend bewusst zu machen, dass man sein Leben durchaus beeinflussen kann, zum Beispiel, indem man selbst aktiv wird oder andere um Hilfe bittet. Das soll natürlich nicht heißen, dass man sein Leben *total* unter Kontrolle hätte. Dieser Gedanke wäre ebenso falsch wie die Annahme, *überhaupt keinen* Einfluss darauf zu haben. Die Kunst besteht gerade darin, zu akzeptieren, was man nicht ändern kann, und hart an dem zu arbeiten, was man ändern kann. Reinhold Niebuhrs Gebet[32] gilt meines Erachtens zu Recht als ein klassischer Text zu diesem Thema:

Herr, gib mir die Gelassenheit, Dinge hinzunehmen, die ich nicht ändern kann, den Mut, Dinge zu ändern, die ich ändern kann, und die Weisheit, das eine vom anderen zu unterscheiden.

In den nächsten beiden Übungen gehen wir die Entwicklung einer optimistischen Einstellung etwas systematischer an.

Hoffnung schöpfen

Die Überzeugung, Einfluss auf sein Leben ausüben zu können, bildet, wie gesagt, die Grundlage des Glaubens in die eigenen Kompetenzen. Misserfolge können diese Überzeugung jedoch schnell untergraben. Seltener allerdings bei Optimisten, denn ihnen gelingt es mitunter, auch in schwierigen Situationen, an ihre Chancen zu glauben. Im letzten Abschnitt haben wir gesehen, dass es drei Überzeugungen gibt, die diese positive Einstellung fördern. Mithilfe des ABC-Schemas kann jeder diese Überzeugungen selbst kultivieren. Aus Seligmans späteren Studien[33] geht deutlich hervor, dass aus Pessimisten durchaus Optimisten werden können. Dazu gilt es, sich zunächst klarzumachen, welche negativen, pessimistischen Überzeugungen man mit sich herumträgt. Beim Ausfüllen des ABC-Schemas entdeckt man möglichweise, dass man Niederlagen persönlich nimmt oder davon ausgeht, dass sich nie mehr etwas ändern wird. Wer das erkennt, sollte möglichst versuchen, diese Einstellungen durch optimistischere zu ersetzen.

Beispiel

Paul strebt eine Karriere als Comedian an. Er ist schon mehrfach aufgetreten, hat es nach einem Auftritt vor einem sehr schwierigen Publikum aber schließlich aufgegeben. Dieses Publikum hatte keinen Sinn für seinen Humor und hat ihn ausgebuht, sodass er sogar von der Bühne geflüchtet ist. Daher hat Paul nun das Gefühl, wieder ganz von vorne anfangen zu müssen. In den vergangenen beiden Jahren hat er viel Zeit in seine Zukunft als Comedian investiert, jetzt fühlt es sich an, als hätte man ihm die Tür zu seinem Traumberuf vor der Nase zugeschlagen.

Als Paul gemeinsam mit mir das ABC-Schema ausfüllt, wird schnell deutlich, dass er annimmt, diese eine negative Erfahrung würde sich nun immer wiederholen. Außerdem geht er wegen seines „Scheiterns als Comedian“ davon aus, dass er auch jede andere Karriere in den Sand setzen würde.

Wir überlegen, ob und wie er das Ganze, angefangen mit dem unangenehmen Auftritt, mit einem objektiveren Blick betrachten kann. Bedeutet dieser eine Auftritt nun, dass er als Comedian ungeeignet ist? Frühere Auftritte waren doch schließlich erfolgreich. Sollte er diesen Auftritt nicht eher als Teil eines natürlichen Lernprozesses betrachten? Warum ging dieser Auftritt so schief? Warum bekam er dieses eine Mal keinen Kontakt zu seinem Publikum? Wenn er es hinbekäme, auf diese Fragen Antworten zu finden, könnte er vielleicht Veränderungen vornehmen, die ihm zu mehr Erfolg in der Zukunft verhelfen könnten. Der Misserfolg wäre dann nur kurzfristig und hätte zu guter Letzt zu seinem Erfolg beigetragen. Selbst wenn er es auf der Bühne nicht schaffen würde, könnte er auch in anderer Funktion in der Welt der Comedy arbeiten, zum Beispiel als Regisseur oder als Texter hinter den Kulissen. Auch wenn Auftritte nicht seine Stärken wären, müsste das nicht gleich bedeuten, dass seine Anstrengungen auf dem Gebiet der Comedy ganz umsonst waren.

Indem man sich selbst immer wieder an positive Interpretationen erinnert, kann man letztlich eine positive Lebenshaltung entwickeln, eine Haltung, mit der man Rückschläge leichter wegsteckt.

Der Psychologe Albert Bandura[34] beschreibt vier Möglichkeiten, den Glauben an sich selbst zu stärken: durch Modelllernen *(modelling)*, Unterstützung, Angstbewältigung und Erfahrung. Alle vier eignen sich dazu, das Vertrauen in die eigenen Kompetenzen zu festigen.

Modelllernen

Als erste Möglichkeit führt Bandura das Modelllernen an, die Nachahmung von Vorbildern. Seine Studie dazu hat große Berühmtheit erlangt. Er ließ eine Gruppe von Kindern in einem Zimmer spielen, in dem sich auch eine große Puppe befand. Die Kinder ignorierten entweder die Puppe oder spielten brav mit ihr. Einer zweiten Kindergruppe war zuvor in einem Warteraum ein Video vorgeführt worden, in dem sie gesehen hatten, wie ein Erwachsener die Puppe geschlagen, getreten und beschimpft hatte. Die Kinder, die diesen Film gesehen hatten, übernahmen das sofort; nachdem sie den Raum betreten hatten, begannen sie damit, die Puppe zu piesacken.

Modelllernen kann man beispielsweise, indem man jemanden begleitet, der über die Kompetenzen verfügt, die man selbst gerne hätte. Ich selbst zum Beispiel habe eine Zeit lang jemanden zu informellen Netzwerktreffen begleitet, jemanden, der, was die Kontaktpflege anging, viel geschickter war als ich. Bei den ersten Treffen fühlte ich mich nicht wohl dabei, auf andere zuzugehen. Doch nachdem ich meinem Kollegen eine Weile dabei zugesehen hatte, wurde mir bewusst, dass es ganz normal ist, auf andere zuzugehen, und dass das sogar von mir erwartet wurde. Wenn man niemanden kennt, der die gewünschte Kompetenz hat, kann man sich auch „einen Experten“ suchen, zum Beispiel, indem man bei einem solchen Netzwerktreffen schaut, wer im Zentrum der Aufmerksamkeit steht. Was tut er dafür? Welche „Eröffnungssätze“ verwendet er? Der Grundsatz „besser gut kopiert als schlecht erfunden“ trifft sicherlich auch auf persönliche Kompetenzen zu.

Unterstützung

Bandura weist außerdem darauf hin, wie hilfreich es sein kann, wenn andere an einen glauben. So besteht im Sport etwa ein wichtiger Beitrag der Trainer darin, ihren Sportlern in den entscheidenden Momenten gut zuzureden. Wenn man sich selbstständig machen will, ist es wichtig, zu Netzwerktreffen zu gehen, um dort Menschen zu finden, die einem Mut machen können. Dabei sollte man sich allerdings nicht der Kritik verschließen. Andererseits sind ständige Nörgeleien auch keine besondere Hilfe. Man sollte sich vielmehr Menschen suchen, die hinter einem stehen, wenn man eine gut durchdachte Entscheidung getroffen hat.

Ich bin davon überzeugt, dass die Wirksamkeit einer Therapie zum großen Teil auf dieser Art der Unterstützung beruht. Ein guter Therapeut bestärkt seinen Klienten in seinem Vertrauen auf sein eigenes Können, er ermutigt ihn, das Heft wieder in die Hand zu nehmen, und hilft ihm, negative Interpretationen kritisch unter die Lupe zu nehmen. Er gleicht oft einem Trainer, der von der Seitenlinie des Lebens aus Mut zuspricht und Anweisungen gibt. Vor allem in schwierigen Zeiten ist es günstig, so jemanden einschalten zu können.

Angst bewältigen

Körperliche Gefühle wie Angst hindern uns oft daran, aktiv zu werden. Wenn wir spüren, wie uns das Herz bis zum Hals schlägt, uns der Schweiß ausbricht und wir einen trocken Mund bekommen, lassen wir schnell von dem ab, was wir uns eigentlich vorgenommen haben. Wir halten Angst für einen Hinweis darauf, etwas nicht zu können, oder dass unsere Angst unserem Handeln im Weg stehen würde. Dabei ist es meistens gar nicht notwendig, das Gefühl der Angst so ernst zu nehmen. Der beste Weg, mit Angst umzugehen, ist der, mit ihr zu experimentieren. Und zwar, indem man vor allem Dinge tut, die einem Angst einjagen. Versuchen Sie es und Sie werden sehen, dass Sie trotz Ihrer Angst oft noch eine ganze Menge leisten. Manche Menschen leisten sogar mehr, wenn sie angespannt sind. Durch dieses Experimentieren lernen Sie, sich nicht mehr vor Ihrer Angst zu fürchten. Das klingt vielleicht wenig tautologisch, aber so funktioniert es nun einmal. „Die Angst vor der Angst" tritt bei ängstlichen Menschen häufig auf. Sie müssen erst lernen, dass es nicht schlimm ist, sich zu fürchten. Das Gefühl geht dann von selbst vorbei, und auch wenn es weiterhin anhalten sollte, kann man noch erfolgreich sein.

BEISPIEL

Maarten ist Grundschullehrer. Als Mann ist er in der Grundschule ein Vertreter einer aussterbenden Spezies. Wegen Krankheit einer Kollegin muss er jedoch zusätzlich in einer höheren Klasse unterrichten. Er hat das noch nie getan und ihm ist ganz schön mulmig zumute. Er zweifelt, ob er die Disziplin in der Klasse wahren kann und den Stoff dieser Klassenstufe gut genug beherrscht.

Ich frage ihn zunächst, was er getan hat, um sich darauf vorzubereiten. Nach langem Nachdenken antwortet er: „Nichts". Kein Wunder, dass er sich Sorgen macht. Dann frage ich ihn, wie man solche Schwierigkeiten an der PH (Pädagogischen Hochschule) angehen würde. Er erklärt mir, Anfänger würden zunächst erfahrene Lehrer begleiten. Nach einer Weile würden die beiden dann die Rollen tauschen. Der Neuling unterrichtet und der erfahrene Lehrer schaut zu. Erst wenn alles gut läuft, wird der neue Lehrer alleine auf die Klasse losgelassen. Ich frage ihn, ob ihm ein solches Verfahren helfen würde. Er glaubt schon. „Aber gleichzeitig denke ich, dass ich das eigentlich schon können müsste ..., und wie soll ich meine Kollegen darum bitten?" Ich erkläre ihm, dass es gerade ein Zeichen von Professionalität wäre, seine Kollegen um ihre Meinung zu bitten und nicht in eingefahrenen Bahnen zu bleiben. Das hört sich für ihn gut an und er beschließt, es so anzugehen.

Bei einem der folgenden Termine wird deutlich, dass er mehrere von Banduras Prinzipien umgesetzt hat. Zunächst hat er beobachtet, dass einer seiner Kollegen wenig Schwierigkeiten mit der höheren Klasse hat (Modelllernen), und zwar ein Kollege, von dem Maarten eigentlich keine besonders hohe Meinung hat: „Wenn der das kann, kann ich das auch." Sagt er und lacht dabei entschuldigend über sein eigenes Selbstbewusstsein. Außerdem haben ihm die Gespräche mit einer Reihe von Kollegen gut getan (Unterstützung). Sie fanden es bewundernswert, dass er sie um ihre Meinung gebeten hatte, sagten aber auch, sie seien von seinem Können überzeugt. Schließlich hatte er genug Vertrauen in seine Kompetenzen und sagte, er brenne nun darauf, mit der Gruppe zu arbeiten. Es war für ihn nun kein unüberwindliches Problem mehr, sondern eine spannende Herausforderung.

Stärken Sie den Glauben in Ihre eigenen Kompetenzen

Die konkrete Übung, die Sie hierzu machen können, ist einfach. Zunächst ist es wichtig, sich zu entscheiden, welche Kompetenz Sie ausbauen möchten. Möchten Sie Ihre Fähigkeit im Small Talk mit Fremden verbessern oder lieber an Ihren Führungsqualitäten arbeiten? Sobald Sie wissen, was Sie wollen, sollten Sie sich umschauen, ob Sie in diesem Bereich ein Vorbild finden oder jemanden, der Sie unterstützt. Und dann ist es an der Zeit, mit Ihrem neuen Verhalten zu experimentieren, auch wenn Sie sich davor ein wenig fürchten. Die amerikanische Psychologin Susan Jeffers hat ein gutes Buch über den Umgang mit Angst geschrieben. Der Originaltitel des Buches sagt im Prinzip schon alles: *Feal the fear and do it anyway* („Fühl die Angst und tu es trotzdem").[iv]

Erfahrung

Nach Bandurans Sicht gibt es noch eine weitere Möglichkeit, das Vertrauen in das eigene Können zu stärken: Erfahrung. Da ich Erfahrung für besonders wichtig halte, habe ich ihr ein eigenes Kapitel gewidmet. Man könnte durchaus sagen, dass sie neben dem Glauben an das eigene Können den zweiten wesentlichen Aspekt von Kompetenz darstellt: Erfahrung machen heißt tatsächlich etwas leisten.

iv In der deutschen Übersetzung unter dem Titel „Selbstvertrauen gewinnen: Die Angst vor der Angst verlieren" (2014) erschienen.

7. | Entwickeln Sie Kompetenzen

Wenn wir dabei zusehen, wie sich ein Kind bemüht, seine Schnürsenkel zu binden, werden wir uns dessen bewusst, wie wenig uns einfach zufliegt. Kompetenzen muss man entwickeln, und das kostet fast immer Zeit und Mühe. Fast alles, was wir können, ist ein Resultat von Anstrengung und Übung. Ganz gleich, ob es sich um Lesen, Schreiben, Laufen, Sprechen, Autofahren, Schwimmen oder den Umgang mit dem Computer handelt. Wenn man etwas nicht kann, liegt das in den allermeisten Fällen nicht an mangelnder Begabung. Es hat viel eher damit zu tun, dass man dieser speziellen Kompetenz noch nicht viel Aufmerksamkeit gewidmet hat.

Erwachsenen fällt es im Gegensatz zu Kindern oft schwer, an ihren Kompetenzen zu arbeiten. Ein Kind, das Laufen lernen will, übt so lange, bis es laufen kann. Kein Kind gibt auf halbem Wege auf, weil es nicht mehr laufen will oder weil es ihm zu schwierig ist. Erst bei Erwachsenen spielen solche Überlegungen eine Rolle. Eine vielfach vorgebrachte Entschuldigung dafür, nicht mehr an seinen Kompetenzen zu arbeiten, nenne ich „den Mythos des Talents“. Wenn wir einen Menschen als talentiert bezeichnen, meinen wir damit, er habe *angeborene* Fähigkeiten. Wenn wir Musiker, Wissenschaftler oder Künstler als talentiert bezeichnen, sagen wir mit anderen Worten, sie seien eigentlich von Geburt an für ihre jetzige Rolle vorherbestimmt. Wer glaubt, erfolgreiche Menschen seien aufgrund ihres Talents erfolgreich, wird freilich wenig Zeit in die Entwicklung seiner Kompetenzen investieren. Das hätte ja auch wenig Sinn, wenn man meint, kein Talent zu haben. Der „Mythos des Talents“ wirkt sich also nachhaltig auf unsere Leistung aus.

Ich spreche von einem „Mythos“, weil in den vergangenen Jahren immer mehr Studien belegt haben, dass für den Erwerb von Fähigkeiten Übung viel wesentlicher ist als Begabung oder Talent[35]. Ein populärwissenschaftliches Buch zu einer neuen Studie hat das prägnant formuliert: „Talent wird überschätzt.“[36]

In seinem Buch *Überflieger*[37], in dem es um Menschen geht, die Außergewöhnliches geleistet haben, thematisiert Malcolm Gladwell unter anderem die 10.000-Stunden-Regel. In einer Reihe von Studien ist nachgewiesen worden, dass ausgezeichnete Leistungen, ob nun in der Musik oder beim Schachspielen, in erster Linie auf Anstrengung und eben nicht auf Talent beruhen. So konnte zum Beispiel in einer Studie unter Pianisten kein einziges junges Talent gefunden werden, das ohne Mühen auf hohem Niveau spielte. Von angeborenem Talent konnte hier also keine Rede sein. Zudem hat sich gezeigt, dass alle Starpianisten im Zenit ihrer Karriere mindestens Zehntausend Stunden gewidmet hatten. Es gab also keinen Musiker, der dazu fähig gewesen wäre, aus dem Nichts heraus begnadet zu spielen. Harte Arbeit hat letztlich den Ausschlag für ihren Erfolg gegeben.

Albert Bandura hat einmal geschrieben: „Menschen sehen die außergewöhnlichen Eigenschaften anderer, aber nicht die unermüdliche Hingabe und die unzähligen Stunden zielgerichteter Anstrengung, die diese Eigenschaften hervorgebracht haben."[38] Dieser Fehler unterläuft uns leicht. Ben Saunders war zum Beispiel im Jahr 2010 einer der auffälligsten neuen Künstler in den Niederlanden. In der ersten Runde des Talentwettbewerbs *The Voice of Holland* stand er noch keine fünf Sekunden auf der Bühne, als die Jury schon befand, hier das neue Talent der Niederlande vor sich zu haben. Ein Jurymitglied war so von ihm beeindruckt, dass er ihn fragte: „Wo hast du dich bisher eigentlich versteckt?" Das hörte sich an, als ob sein Talent aus dem Nichts entstanden wäre, als würde hier jemand, der vorher nur unter der Dusche gesungen hatte, plötzlich zum Popstar gehypt. Das war aber absolut nicht so. Saunders war schon zehn Jahre zuvor in einem Talentwettbewerb zu sehen gewesen, an dem er zusammen mit seinem Bruder teilgenommen hatte. Er war Mitglied einer Popgruppe gewesen und hatte sogar schon an einem nationalen Songfestival teilgenommen. Hier stand also absolut kein neues Talent, sondern ein Veteran seines Fachs, der schon viele Jahre des Übens auf dem Buckel hatte. Wenn man nur *The Voice of Holland* sah, konnte man das leicht übersehen.

Ich möchte damit nicht sagen, dass Talent nie eine Rolle spielt. Man kann zum Beispiel für Basketball Talent haben, weil man überdurchschnittlich groß ist.

Und man kann Talent für Musik haben, wenn man ein absolutes Gehör besitzt. Dabei geht es jedoch um physische Merkmale, die unbestreitbar von der biologischen Konstitution bestimmt werden. Für die Kompetenzen jedoch, um die es in diesem Kapitel geht, ist Talent weniger wichtig. Übung und Anstrengung entscheiden vielmehr darüber, wer sich zu den höchsten Höhen aufschwingen kann. Diese beiden Aspekte sind bedeutender als Talent, wenn es um optimale Leistung geht.

Nachdem wir nun den „Mythos des Talents" entkräftet haben, können wir getrost davon ausgehen, dass sich Kompetenzen entwickeln lassen. Übung ist die beste und einzige Möglichkeit dazu. Beim Thema Übung sollte man sich darüber im Klaren sein, dass Üben nicht das Gleiche ist wie Erfahrung sammeln. Erfahrungen sammelt man, indem man Aufgaben erledigt. Beim Üben hingegen arbeitet man zielgerichtet an der Verbesserung seiner eigenen Fähigkeiten. Der Unterschied lässt sich am besten mithilfe eines Beispiels erklären.

BEISPIEL

Während meiner Studienzeit gehörte ich zu den Typen, die Leuten am Telefon ein Beratungsgespräch zu einem Hypothekenkredit „anboten". Wenn Sie einen solchen Verkäufer schon einmal am Apparat hatten, ist ihnen vielleicht aufgefallen, dass es klingt, als würde er einen Text vorlesen. Dieser Eindruck entsteht, weil er das tatsächlich tut. Ich habe dort monatelang ein Skript abgelesen, das während des Telefonats auf dem Computer vor meiner Nase erschienen ist. Dieses Skript war auf jede Reaktion vorbereitet, daher hatte ich auf jede Erwiderung eine Antwort parat. Oder zumindest das Skript hatte eine Antwort. Ich las währenddessen Zeitung und überlegte mir, was ich mir am Abend zu essen machen sollte. Obwohl ich schließlich rund 500 Stunden Verkaufserfahrung besaß, hatte ich nicht 500 Stunden geübt. Dass ein Unterschied zwischen Erfahrung und Übung besteht, lässt sich deutlich an der Tatsache erkennen, dass ich immer noch ein schlechter Verkäufer bin.

Drei Professoren der Business School INSEAD[39] bezeichnen das als die „Erfahrungsfalle". Sie erkannten, dass gerade erfahrene Manager Schwierigkeiten haben, aus ihren Fehlern zu lernen. Sie sind so an ihre eigene Art des Agierens gewöhnt, dass es ihnen sehr schwerfällt, ihr Verhalten zu ändern.

Ihre Erfahrung arbeitet eher gegen sie, denn sie hat dazu geführt, dass sie schlechte Gewohnheiten angenommen haben.

Man kann jedoch Maßnahmen ergreifen, um nicht in diese Erfahrungsfalle zu tappen. Anders Ericsson, der führende Forscher auf diesem Gebiet, weist auf zwei wichtige Möglichkeiten hin, um die eigene Lernerfahrung zu verbessern: Rückmeldung und Herausforderung. Rückmeldung ist wichtig, weil man erst an ihr erkennen kann, ob man gute Arbeit abgeliefert hat oder nicht. Erfahrung ist wertlos, wenn nicht deutlich wird, ob man dabei gut oder schlecht gehandelt hat. Aus Fehlern kann man nur lernen, wenn man weiß, was schiefgelaufen ist. Da die meisten dazu neigen, ihre eigenen Fehler zu übersehen oder zu unterschätzen, ist es sinnvoll, für ein Feedback eine externe Person einzuschalten. Ein Coach oder ein Vorgesetzter kann uns eher den notwendigen Spiegel vorhalten, um unsere Leistung zu verbessern.

Herausforderungen sind notwendig, um das Niveau zu heben. Wenn wir uns in bestimmten Verhaltensweisen üben, werden sie letztlich zu Automatismen. Sobald wir diesen Punkt erreicht haben, führt weitere Erfahrung nicht zwangsläufig zur Verbesserung. Vielleicht ist es Ihnen auch schon einmal passiert, dass Sie in Ihren Wagen gestiegen sind, um zu tanken, und automatisch zu Ihrer Arbeitsstelle abgebogen sind. Das zeigt, wie wenig wir an automatischen Handlungsweisen beteiligt sind. Nur indem wir neue Herausforderungen suchen und mit neuen Verhaltensweisen experimentieren, setzen wir uns auch weiterhin mit unseren Kompetenzen auseinander.

Bei meiner Arbeit als Verkäufer hätte ich also zunächst im Auge behalten müssen, wie viel ich tatsächlich verkauft habe. Nur das hätte mir ermöglicht, das Resultat meiner Bemühungen realistisch einzuschätzen. Außerdem hätte ich nicht einfach das Skript ablesen dürfen, sondern weiter nach Möglichkeiten suchen müssen, mich zu verbessern, zum Beispiel durch Experimente mit dem Gesprächsaufbau oder neuen Formulierungen. Hätte ich das getan, hätte ich heute nicht nur Verkaufserfahrung, sondern auch „Übung im Verkauf".

Den Glauben in die eigene Kompetenz zu stärken ist nur sinnvoll, wenn man auch tatsächlich seine Kompetenzen verbessert. Um mehr Vertrauen in seine Fähigkeiten als Fallschirmspringer zu bekommen, ist es klug, sein Wissen und Können auf diesem Gebiet zu erweitern und beispielsweise zu lernen, an welcher Schnur man in welcher Höhe ziehen muss.

In populären Selbsthilfeseminaren wird jedoch vor allem an den eigenen Überzeugungen gearbeitet. Showelemente wie Präsentationen und motivierende Botschaften (Sie können alles erreichen, wenn Sie es nur wollen!) vermitteln den Teilnehmern das Gefühl, zu allem in der Lage zu sein. Daher schätzen sie ihre Fähigkeiten oft viel höher ein, als sie eigentlich sind. Was, um bei dem genannten Beispiel zu bleiben, dazu führen kann, dass sie völlig unvorbereitet fallschirmspringen – oder sich, in weniger extremen Fällen, überschätzen und dadurch unnötige Risiken eingehen.

BEISPIEL

Beispiele einer solchen Selbstüberschätzung sehen wir oft in Fernsehsendungen wie *Goodbye Deutschland*. In ihnen beginnen Menschen ein neues Leben oder treten in einem neuen Land eine neue Stelle an. Oft starten sie in dieses Abenteuer ohne Geld, ohne die Sprache des neuen Landes zu sprechen, ohne durchdachten Plan und ohne Erfahrung mit der Arbeit, die sie dort annehmen wollen. Sie sprechen fast immer von einer „Herausforderung" und von ihrem Vertrauen darauf, dass alles schon gut gehen werde. Es wäre jedoch klüger gewesen, wenn sie außer ihrer Überzeugung auch an ihren Kompetenzen gearbeitet hätten, zum Beispiel einen Sprachkurs besucht, und etwas Geld gespart hätten.

Auch in unzähligen Gesangswettbewerben wie Deutschland sucht den Superstar oder X-Faktor trifft man auf Selbstüberschätzung. Über Geschmack lässt sich nicht streiten, aber darüber, ob man einen Ton trifft oder halten kann, lässt sich durchaus das eine oder andere objektiv sagen. Jeder Teilnehmer könnte also selbst in einem gewissen Maß feststellen, wie gut er ist. Trotzdem schaffen es viele Teilnehmer mit einem unverbrüchlichen Selbstvertrauen, die schrecklichsten Auftritte abzuliefern. Manche von ihnen sind sogar richtig sauer, wenn die Jury ihnen mitteilt, dass man zu ihrem Auftritt wohl nicht mehr viel sagen muss. Auch hier bringt ihre Überzeugung die Kandidaten nicht wirklich weiter. Dass sie selbst von ihren Qualitäten überzeugt sind, heißt noch lange nicht, dass die Jury das genauso sieht.

Gewiss hat man auch zu Ihnen schon einmal gesagt:„ Sie können mehr, als Sie denken“, um das Vertrauen in Ihre Fähigkeiten zu stärken. Aufgrund dessen, was ich zuvor besprochen habe, glaube ich, es wäre besser, zukünftig zu sagen:„Sie können mehr lernen, als Sie denken.“

Vergrößern Sie Ihr Wissen und Ihr Können

Es gibt mehrere Möglichkeiten, seine Kompetenzen zu steigern. Viele davon werden Ihnen wohl bekannt vorkommen, denn in unserer Kultur sind wir stark daraufhin geprägt, uns zu entwickeln und dazuzulernen. Dennoch arbeitet nicht jeder bewusst daran, seine Kompetenzen weiterzuentwickeln. Zudem fördern wir Fähigkeiten, die wir im privaten Bereich brauchen, oft nicht so systematisch wie solche, die wir beruflich nutzen.

Nehmen Sie zum Beispiel die Fähigkeit, eine längere Abhandlung zu schreiben. Selbst auf universitärem Niveau werden die Studenten in der Ausbildung an die Hand genommen. Man erklärt ihnen, was sie wissen und können müssen, und dann werden sie daraufhin wie vorgesehen geprüft. Wenn die Studenten dann ihre Abschlussarbeit schreiben, müssen sie zum ersten Mal Initiative zeigen und ihre Arbeit selbst organisieren. Das fällt einem Großteil von ihnen schwer. Sie wissen nicht, wo sie anfangen und wie sie ein so großes Projekt angehen sollen. Oft hat das zur Folge, dass sie das Ganze ungeschickt angehen, dabei scheitern oder unnötig lange dafür brauchen. Und das, obwohl ihnen sowohl in Universitätsbibliotheken als auch in Buchhandlungen ein Meer an Informationen über das Schreiben wissenschaftlicher Arbeiten zur Verfügung steht. Wenige Studenten machen davon Gebrauch. Ich vermute, weil sie nie gelernt haben zu lernen. Sie haben keine klare Vorstellung davon, wie sie sich neue Kompetenzen aneignen können. Oder zumindest keine Vorstellung, die darüber hinausreicht, sich einzuschreiben und zu tun, was ihr Professor ihnen sagt. Das führ dazu, dass sie Fehler machen, die leicht zu verhindern wären, wenn sie sich vorbereitet hätten.

Es ist also entscheidend, eine klare Vorstellung vom eigenen Lernprozess zu haben. Ich möchte Ihnen hier einige Möglichkeiten vorschlagen, etwas Neues zu lernen.

Bücher

Eine Möglichkeit, die oft gewählt wird, besteht darin, ein Buch zu lesen. Wenn Sie zum Beispiel Programmieren lernen möchten, können Sie das am besten tun, indem Sie sich ein Buch zu diesem Thema vornehmen. Aber auch wenn Sie Ihre sozialen Kompetenzen verbessern möchten, kann Ihnen die Lektüre eines Buches über Durchsetzungsvermögen dabei helfen. Ich habe mir sogar sagen lassen, dass man Bücher dazu nutzen kann, sein Selbstvertrauen zu stärken ... Neben Büchern ist natürlich auch das Internet zu einer wichtigen Informationsquelle geworden. Zu fast jedem Thema kann man im Internet Informationen finden. Wenn man sich jedoch intensiver mit einem Gegenstand befassen will, ist das Internet oft nicht der richtige Ort. Ein gutes Buch hat dann doch deutliche Vorteile, weil es strukturierte und umfassende Informationen liefert.

Ausbildung

Eine Ausbildung ist eine andere Möglichkeit, etwas zu lernen. Dabei muss es sich nicht immer um ein mehrjähriges Universitätsstudium handeln, manchmal genügen auch Trainings und Kurse von wenigen Tagen. Auch per Internet können heute immer mehr Ausbildungen absolviert werden. Der Vorteil von Ausbildungen liegt darin, dass sie strukturiert aufgebaut sind und die Ausbilder den Stoff so aufbereiten, dass ihn sich die Teilnehmer leichter aneignen können.

Coaching

Zu guter Letzt kann man sich in vielen Fällen auch an einen Coach wenden, um Unterstützung zu erhalten. Das ist oft eher dann interessant, wenn man schon ziemlich fortgeschritten ist und nun noch das Tüpfelchen auf das i setzen will. Nicht von ungefähr kennt man Coaches vor allem aus dem Leistungssport. Doch auch beim Erwerb anderer Kompetenzen kann es angeraten sein, sich die Unterstützung eines Experten zu suchen. Ein solcher Experte muss nicht immer ein bezahlter Coach sein. Wollen Sie zum Beispiel kochen lernen, kann es sich als hilfreich erweisen, hin und wieder einem befreundeten Hobbykoch in die Töpfe zu schauen. Meistens kann man viel lernen, wenn man sich Dinge von Menschen abschaut, die schon können, was man sich aneignen möchte (denken Sie auch an Banduras Modelllernen).

Wofür Sie sich entscheiden, hängt von verschiedenen Dingen ab. Manchmal ist es eine Frage der finanziellen Möglichkeiten. Eine Stunde mit einem Coach ist oft genauso teuer wie die Anschaffung von drei Büchern (wobei zu bedenken ist, dass das Lesen ziemlich viel Zeit kostet). Eine ganze Ausbildung kostet erst recht eine Menge Geld. Ihre Wahl kann auch von Ihren Vorkenntnissen abhängen. Es macht wenig Sinn, ein weiteres Buch über ein bestimmtes Thema zu lesen, wenn Sie darüber eigentlich schon ziemlich gut informiert sind. Ein Coaching ist dann oft praktischer, um Sie auf bestimmte Punkte hinzuweisen, in denen Sie sich noch verbessern können. Zuletzt hängt es oft auch von der Kompetenz selbst ab, für welche Methode Sie sich entscheiden. Programmieren kann man ziemlich gut mithilfe eines Buches lernen. Aber wenn Sie Friseur werden möchten, ist es besser, eine Ausbildung zu machen. Haareschneiden lernt man nun einmal nicht aus einem Buch.

Damit kommen wir gleich zu einem wichtigen Punkt bei der Entwicklung von Kompetenzen. Bücher zu lesen, eine Ausbildung zu machen und einen Coach anzuheuern ist nämlich ***vollkommen sinnlos***, wenn Sie das Gelernte nicht praktisch erproben. Zweifellos der wichtigste Aspekt bei der Entwicklung von Kompetenzen sind nämlich Übung und Erfahrung. Sie können alle Trainer der Welt hinzuziehen, doch wenn Sie nicht in der Praxis üben, werden Sie nur sehr begrenzte Fortschritte machen. Selbst eine logisch strukturierte Fertigkeit wie das Programmieren kann man nicht ausschließlich aus Büchern erwerben. Das wird Ihnen viel besser gelingen, wenn Sie sich mit einem Buch vor den Computer setzen und die Theorie unmittelbar praktisch umsetzen. Für soziale Kompetenzen gilt das ganz besonders. Wenn Sie diese Kompetenzen stärken wollen, geht das fast nur in der Praxis. Wie man es auch dreht und wendet, Übung ist immer wichtig.

8. Lösen Sie Probleme

„All life is problem solving“

(Karl Popper)

Mittlerweile ist wohl deutlich geworden, in welchem Maße Ihr Selbstvertrauen von Ihren Kompetenzen abhängt. Ihr Selbstvertrauen ist also situationsabhängig. Ein Pianist fühlt sich hinter seinem Flügel wie zu Hause, ist aber verloren, wenn er eine Geige in Händen hält. Ein Rennfahrer fühlt sich in seinem Wagen wohl, doch wenn er für zwanzig Personen kochen soll, weiß er sich keinen Rat. In ihrer Gesamtheit vermitteln Ihnen Ihre speziellen Kompetenzen aber auch in einem allgemeineren Sinne ein Vertrauen in Ihre Fähigkeit, mit den Problemen des Lebens umzugehen. Wir schließen diesen Teil über Kompetenzen mit der Betrachtung eines Aspekts Ihres Könnens, der auch „Problemlösungskompetenz“[40] genannt wird.

Im Allgemeinen braucht man Kompetenzen, um gewisse Probleme zu lösen, denen man im Leben begegnet. Wenn man eine Frühstückspension in Frankreich eröffnen will, muss man etwas von Buchführung verstehen und wissen, wie man ein Frühstücksei zubereitet. Will man Leute in einer neuen Stadt kennenlernen, lohnt es sich, in seine sozialen Kompetenzen zu investieren. Auch beruflich ist man immer gefordert, neue Kompetenzen zu erwerben oder bestehende weiterzuentwickeln, um auftretenden Problemen die Stirn bieten zu können.

Das Bewusstsein, über zahlreiche Kompetenzen zu verfügen und sich zudem noch neue aneignen zu können, wirkt sich psychisch stabilisierend aus. Man fühlt sich einfach kompetent genug, eventuell auftretende Probleme lösen zu können. Und selbst wenn Probleme auftauchen, die sich nicht so leicht aus der Welt schaffen lassen, ist man davon überzeugt, sich das notwendige Know-how aneignen zu können.

Bei den Klienten, die ich als Outplacement-Berater begleitet habe, waren die Problemlösungskompetenzen sehr unterschiedlich entwickelt. Einige gerieten in Panik, als sie entlassen wurden, und kamen völlig aufgelöst zu mir. Andere brachten beim ersten Gespräch schon ihren Lebenslauf mit und hatten schon einige Stellenangebote im Blick. Die erste Gruppe sah ihre Kündigung als Problem an, für das es keine Lösung gab. Die zweite nahm eine viel aktivere Haltung ein und war davon überzeugt, über die Kompetenzen zu verfügen, dieses Problem zu lösen.

BEISPIEL

Marian lebte schon einige Jahre in einer sehr schlechten Beziehung. Anfangs war sie mit ihrem Freund glücklich gewesen, doch in den letzen Jahren hatten sich die beiden immer mehr entfremdet. In den letzen Monaten hatte ihr Freund sich außerdem einiges zuschulden kommen lassen. Er war fremdgegangen und hatte sie bei einem Streit sogar geschlagen. Sie erzählte seufzend, eigentlich wisse sie schon seit zwei Jahren, dass sie nicht mehr mit ihm zusammen sein wolle. Warum beendete sie die Beziehung dann nicht? Zunächst nannte sie vor allem hehre Gründe: Sie sagte, sie wolle ihm keinen Kummer bereiten, und jeder habe noch eine Chance verdient. Intensiverem Nachfragen hielten diese Gründe jedoch nicht stand. Eigentlich hatte sie ihm doch genug Chancen gegeben, dachte sie, und fragte sich, wie traurig er wohl wirklich wäre, wenn sie ihn verlassen würde. Was war also los? Schließlich rückte sie damit heraus, dass sie nicht den Mut hätte Schluss zu machen, weil sie davon überzeugt war, alleine nicht zurechtzukommen. Sie sah einen gewaltigen Berg von Problemen und Verantwortlichkeiten vor sich, die nach der Trennung auf ihren Schultern lasten würden. Auf einmal müsste sie Dinge wie den Umzug, den Papierkram und die Versicherungspolicen selbst regeln. Außerdem müsste sie dann mehr arbeiten, und sie wusste nicht, wie sie zu ihrer Arbeit kommen sollte, wenn sie nicht sein Auto benutzen konnte. Die Probleme, die sich vor ihr auftürmten, waren für sie unüberschaubar.

Im Leben begegnen uns unzählige Probleme, ein Hauskauf, die Organisation der Ferien, die Gründung eines Unternehmens, die Suche nach einer neuen Arbeitsstelle und vieles andere mehr. Das kann einen schon mal in Panik versetzen. Das alles sind komplexe Aufgaben, die uns einiges abverlangen und bei denen zahlreiche Faktoren berücksichtigt werden müssen. Wenn man viele solcher Aufgaben gleichzeitig erledigen muss, bekommt man manchmal das Gefühl, dass einem alles über den Kopf wächst. Viele Menschen geraten in solchen Situationen in Stress. Andere verfallen in Apathie und sind wie gelähmt. Um Stress und Apathie zu vermeiden, ist es wichtig, die Sache in den Griff zu bekommen. Dazu nutzen wir den Sieben-Schritte-Plan zur Problemlösung aus der folgenden Übung.

Der Sieben-Schritte-Plan zur Problemlösung

In dieser Übung stelle ich Ihnen einen einfachen Plan vor, mit dem Sie selbst gravierenden Lebensproblemen zu Leibe rücken können. Während ich dieses Kapitel schrieb, las ich auf Twitter:[v] „Hoffnung ist keine Strategie." Dem kann ich nur zustimmen. Eine klare Strategie kann uns jedoch Hoffnung geben. Und der Sieben-Schritte-Plan macht es möglich, für jedes Problem eine klare Strategie zu entwickeln.

Der Plan ist folgendermaßen aufgebaut:

1. Machen Sie sich bewusst, dass es ein Problem gibt.
2. Stopp! Versuchen Sie zu verstehen, worin das Problem liegt.
3. Identifizieren Sie mögliche Lösungen.
4. Bewerten Sie die Lösungsmöglichkeiten.
5. Entscheiden Sie sich für die beste, realistischste Lösung.
6. Planen Sie die Umsetzung der Lösung.
7. Üben Sie!

Im Folgenden werde ich auf die einzelnen Schritte genauer eingehen.

1. Machen Sie sich bewusst, dass es ein Problem gibt

Die Entwicklung von Problemlösungskompetenzen beginnt mit der Wahrnehmung des Problems. Den Begriff „Problem" verstehe ich hier im weitesten Sinne des Wortes. Wenn Ihr Haus in Flammen steht, haben Sie eindeutig ein Problem. Sind Sie an Ihrem Arbeitsplatz nicht mehr so recht zufrieden, betrachte ich das auch als Problem. Ein Problem ist eine Situation, mit der Sie sich nicht wohlfühlen. Auch Luxusprobleme sind legitime Probleme. Ich sehe durchaus ein, dass meine Probleme im Vergleich zu den Problemen vieler Kinder in Afrika ziemlich gering sind. Aber trotzdem finde ich meine kleinen Sorgen auch problematisch. Sobald das der Fall ist, ist es Zeit, sich auf die Suche nach einer Lösung für diese Probleme zu machen.

Ein Problem muss man also zunächst einmal wahrnehmen. Und man muss das Gefühl, dass etwas problematisch ist, zulassen. In der Praxis beobachte ich, dass vor allem Männer darin nicht immer besonders gut sind. Sie haben vielleicht in ihrer Erziehung öfter zu hören bekommen, dass sie sich nicht so anstellen und stark sein sollen. Sie neigen daher im Allgemeinen eher dazu, ihre Probleme zu ignorieren. Die Erfahrung lehrt jedoch, dass es hilfreich ist, die Dinge von einer anderen Warte aus zu betrachten. Ein Problem wahrzunehmen bedeutet nicht, ihm ausgeliefert zu

v Wenn Sie über die neusten Entwicklungen der Positiven Psychologie und meines Instituts auf dem Laufenden bleiben möchten, können Sie uns auf ↗ http/www.twitter.com/haringsma folgen.

sein, und auch nicht, nur darüber zu jammern. Es ist der erste Schritt, um an seiner Lösung zu arbeiten. Der Begriff *Lösung* spricht Männer oft sehr viel stärker an als der Begriff *Problem*.

Sich Probleme einzugestehen fällt einem leichter, wenn man seinen Selbstwert stärkt. Menschen mit einem geringen Selbstwertgefühl neigen zu Minderwertigkeitsgefühlen, sobald sie ein Problem haben. Wer jedoch genügend Selbstwertgefühl entwickelt hat, wird die eigenen Mängel und Unzulänglichkeiten leichter akzeptieren. Etwas nicht oder noch nicht gut genug zu können wird dann nicht gleich als Hinweis auf die eigene Minderwertigkeit verstanden, sondern bewirkt nur, dass man das Problem beherzt angeht.

2. Stopp! Versuchen Sie zu verstehen, worin das Problem liegt

Zu spüren, dass es ein Problem gibt, bedeutet noch nicht, zu wissen, worin das Problem besteht. Angenommen, Sie fühlen sich unglücklich an Ihrem Arbeitsplatz. Allein damit haben Sie das Problem noch nicht gut beschrieben. Sind Sie unglücklich, weil der Weg zur Arbeit zu lange dauert? Hat es damit zu tun, dass Sie in Ihrer Funktion nicht genug gefordert werden? Oder liegen Sie im Clinch mit Ihrem Chef oder Ihren Kollegen?

Um zu erkennen, worin das Problem genau liegt, müssen Sie es möglichst gut spezifizieren.

Die Erkenntnis, dass es ein Problem gibt, ergibt sich oft im unpassendsten Moment. In der Schlange vor der Kasse im Supermarkt oder auf dem Nachhauseweg im Auto. Schritt 1 können Sie überall gehen. Doch zur Ausarbeitung eines Problems sollten Sie sich mehr Zeit gönnen. Das Wort „Stopp“ in Schritt 2 soll Ihnen signalisieren, dass Sie sich dazu erst einmal einen bequemen Platz suchen sollten. Im Sieben-Schritteplan gehen Sie die Probleme systematisch an, daher ist es wichtig, Ihr Problem zunächst in einem ruhigen Moment aufzuschreiben. Ohne solche Notizen wird es sehr schwer, eine konkrete Lösung zu finden. Wenn Ihnen nämlich alle möglichen negativen Gedanken im Kopf herumschwirren, ist es mühsam, sich auf eine Lösung zu konzentrieren. Das Problem schriftlich festzuhalten ist eine gute Möglichkeit, Distanz zu gewinnen.

3. Identifizieren Sie mögliche Lösungen

Dieser Schritt ist natürlich äußerst wichtig. Sie beginnen nun zu überlegen, was Sie tun können, um Ihr Problem zu lösen. Ihr Ziel sollte zunächst einmal sein, möglichst viele Lösungen zu finden. Nehmen Sie sich davor in Acht, diese Lösungen sofort zu bewerten. Angenommen, Sie fühlen sich an Ihrem jetzigen Arbeitsplatz nicht mehr wohl, da er Ihnen nicht genug Entwicklungsmöglichkeiten bietet. Dann ist das Ihr Problem. Als eine mögliche Lösung denken Sie sich, eine andere Stelle zu suchen. Doch sofort halten Sie dagegen, dass es für Sie wohl schwierig sein würde, in der heutigen Situation einen neuen Arbeitsplatz zu finden. Denn Sie wissen gar nicht, wo und wie Sie mit der Suche anfangen sollen, und Ihr Lebenslauf macht auch nicht besonders viel her. Mit diesen Argumenten schlagen Sie diese Lösungsmöglichkeit gleich in den Wind. Und schon bald merken Sie, wie mühsam es auf diese Weise wird, andere Lösungen zu finden. Ihre negative Reaktion auf Ihren ersten Lösungsgedanken erweckt den Eindruck, als hätten Sie die Hoffnung auf eine Verbesserung Ihrer Situation definitiv aufgegeben.

Daher ist es wichtig, *möglichst viele* Lösungen zu suchen. Dafür kann es sinnvoll sein, in diese Suche auch andere einzubeziehen – denn zweien fällt nun mal immer mehr ein als einem allein. Besonders praktisch ist es, wenn Sie in einer Situation, in der Sie selbst wenige Lösungsansätze finden, einen Spezialisten einbinden können. In unserem Beispiel könnte es etwa sinnvoll sein, die Unterstützung eines Karriereberaters in Anspruch zu nehmen, um sich gemeinsam mit ihm Strategien für die Stellensuche zu überlegen.

Nicht für jedes Problem gibt es eine Lösung. Wenn das Unternehmen, in dem Sie arbeiten, vor dem Bankrott steht, reicht Ihre Einflussnahme nicht unbedingt dazu aus, ihn zu verhindern. Sie können sich allerdings darum bemühen, dass Sie selbst nach der Pleite wieder auf die Füße kommen. Zum Beispiel, indem Sie vorsichtshalber jetzt schon etwas sparsamer leben oder ein Netzwerk knüpfen, das es Ihnen gegebenenfalls erleichtern könnte, eine neue Stelle zu finden. Obwohl es in dieser Situation also nicht möglich ist, das Problem zu lösen, können Sie doch seine negativen Konsequenzen begrenzen.

Im ungünstigsten Falle muss man manchmal erkennen, dass es einfach keine Lösung gibt und man auch wenig tun kann, um die negativen Konsequenzen einzuschränken. Dann bleibt einem nichts anderes übrig, als in den sauren Apfel zu beißen. Diese Einsicht ist zunächst vielleicht etwas enttäuschend, aber sie hat auch einen positiven Aspekt. Wenn Sie die negativen Konsequenzen nicht verhindern können, brauchen Sie auch nicht aktiv zu werden und dagegen anzukämpfen, sondern können ohne Schuldgefühle abwarten, was passiert.

BEISPIEL

Sich einzugestehen, worin das Problem besteht, ist für Marian der erste Schritt. Sie traut sich nicht, ihren Freund zu verlassen, weil sie das Gefühl hat, alleine nicht zurechtzukommen. Ich bitte sie daher aufzuschreiben, wovor sie sich genau fürchtet. Sie notiert eine ganze Liste praktischer Probleme, angefangen von der Wohnungssuche bis zu der Notwendigkeit, eine neue Arbeit zu finden. Wir denken gemeinsam darüber nach und versuchen, Lösungen für ihre Probleme zu finden. Schon bald wird deutlich, dass sich nicht alles gleichzeitig regeln lässt. Also planen wir eine Übergangszeit ein, in der sie bei ihrer Mutter wohnen wird. Letzten Endes wird sie wohl schätzungsweise drei Monate brauchen, um ihre Probleme zu lösen. Marian schließt die Sitzung mit den Worten: „Es muss eine Menge passieren, aber wenn ich es alles aufschreibe, erscheint es durchaus machbar."

4. Bewerten Sie die Lösungsmöglichkeiten

Erst an diesem Punkt sollten Sie schauen, welche der Lösungsmöglichkeiten am ehesten geeignet ist. Bei dieser Beurteilung können Sie sich zwei Fragen stellen: Welche Konsequenzen ergeben sich daraus? Und was muss ich investieren? Der Blick auf die Konsequenzen sollte sowohl die positiven als auch die negativen Seiten eines Lösungswegs mit einbeziehen. Wenn Sie mit Ihrem Arbeitsplatz nicht mehr zufrieden sind, können Sie kündigen.

Das kann jedoch die negative Konsequenz nach sich ziehen, dass Sie Ihre Hypothek nicht mehr abbezahlen können. Sie könnten sich auch dafür entscheiden weniger zu arbeiten. Dann würden Sie zwar weniger verdienen, könnten aber mehr Zeit mit Ihren Kindern verbringen. Es lohnt sich, all diese Konsequenzen aufzulisten.

Dann steht die Aufgabe an, sich die erforderlichen Investitionen klarzumachen. Wenn Sie ein Restaurant eröffnen möchten, müssen Sie eine Menge Eigenkapital mitbringen. In dem Fall wären finanzielle Investitionen notwendig. Man kann jedoch auch von Investitionen sprechen, wenn ein Vorhaben Zeit und Mühe kostet. Wenn es Ihr Ziel ist abzunehmen, müssen Sie wahrscheinlich eine Menge Stunden Sport treiben, das heißt, Sie müssen Energie und natürlich auch Zeit investieren.

5. Entscheiden Sie sich für die beste, die realistischste Lösung

Wenn Sie die Konsequenzen und Investitionen notiert haben, können Sie darüber nachdenken, welche Lösung Ihnen als die beste erscheint. Im Idealfall ist das eine Lösung, die viele positive Folgen hat und wenig Investitionen verlangt. Im Leben kommen solche Idealfälle allerdings selten vor, daher ist die Abwägung meistens nicht so einfach. Sie müssen sich entscheiden, was Ihnen am attraktivsten erscheint. Im Folgenden sehen Sie ein Beispiel für eine solche schwierige Situation:

Beispiel Abnehmen

	Abnehmen durch Sport	Abnehmen durch Liposuktion
Investitionen	Mitgliedschaft im Fitnesszentrum, jeden Tag eine Stunde Sport treiben, der Essenszubereitung mehr Aufmerksamkeit widmen	Geld für eine Operation
Konsequenzen	Langfristiges gesundes Abnehmen	Schnelles garantiertes Ergebnis

Es liegt an Ihnen zu entscheiden, was für Sie bedeutsamer ist. Eine Liposuktion (Fettabsaugung) scheint kurzfristig mehr positive Konsequenzen zu haben und relativ geringe Investitionen zu erfordern. Ich habe mal nachgeschaut und zu meiner Überraschung festgestellt, dass eine Fettabsaugung schon für 1000 Euro zu bekommen ist. Sport zu treiben ist gesünder, aber auch anstrengender. Eine schwierige Entscheidung.

Aus neueren Studien zur Entscheidungsfindung[41] geht hervor, dass die Auflistung von Plus- und Minuspunkten, wie wir sie hier vornehmen, nicht immer gleich gut funktioniert. Bei einem Hauskauf ist die durchschnittliche Zufriedenheit nach Gefühlsentscheidungen offenbar größer als nach rationalen Entscheidungen. Anscheinend weiß unser Unterbewusstsein manchmal besser, welche Entscheidung für uns gut ist, als wir selbst. Trotzdem ist es oft sinnvoll, die Plus- und Minuspunkte aufzulisten, allein schon um sich vor Augen zu führen, was im Bereich des Möglichen liegt. Wenn wir häufiger Sport treiben möchten, unser Terminplan uns dafür aber nicht genug Zeit lässt, sollten wir diese Möglichkeit besser verwerfen. Die Entscheidung zwischen zwei machbaren Alternativen, die beide sowohl Vor- als auch Nachteile haben, können Sie jedoch getrost Ihrem Gefühl überlassen. Wenn Sie das in Bezug auf unser Beispiel des Abnehmens täten, würde ich hoffen, dass Sie sich für den gesunden Weg der Gewichtsabnahme entscheiden würden.

Wie schon gesagt, es gibt nicht für jedes Problem eine gute Lösung. In manchen Fällen muss man sich eingestehen, dass jede Lösung höhere Investitionen erfordern und mehr negative Konsequenzen mit sich bringen würde als die bestehende Situation. Angenommen, Sie sind mit Ihrem Arbeitsplatz unzufrieden, weil Sie mit einem bestimmten Kollegen im Clinch liegen. Für diese Situation sehen Sie zwei Lösungen: Sie suchen sich eine neue Stelle oder Sie machen sich selbstständig. Sich selbstständig zu machen, erscheint Ihnen jedoch sehr schwierig, und Sie scheuen vor den erforderlichen Investitionen dafür zurück. Außerdem möchten Sie nicht alleine arbeiten. Einen anderen Arbeitsplatz zu suchen erweist sich bei näherem Hinsehen auch nicht als Erfolg versprechend. Der betreffende Kollege geht Ihnen zwar gehörig auf die Nerven, aber das Unternehmen, in dem Sie arbeiten, gefällt Ihnen und bietet Ihnen auch genug Entwicklungsmöglichkeiten. Außerdem müssen Sie nur einmal in der Woche mit diesem Kollegen zusammenarbeiten.

In diesem Beispiel wird bei eingehender Betrachtung klar, dass die derzeitige Situation gar nicht so schlecht ist. Das ist zwar keine „Lösung" des Problems im klassischen Sinne, da das Problem weiterhin bestehen bleibt. Aber die Analyse trägt dazu bei, das Problem zu akzeptieren, es mit anderen Augen zu betrachten und sich bewusst zu machen, dass man es eigentlich gar nicht so schlecht getroffen hat. Auch das kann eine Erleichterung sein.

6. Planen Sie die Umsetzung der Lösung

Das ist innerhalb des Prozesses ein entscheidender Schritt. Hier geht es um die Übertragung Ihrer Pläne in die Praxis. Wenn Sie sich darum nicht bemühen, werden Ihre Vorhaben – wie die Erfahrung lehrt — immer nur Ideen bleiben. Klare Pläne und Schemata zu erstellen erhöht die Chance, dass Sie sich daran halten und sie wirklich umsetzen. Der erste Schritt besteht darin, Ihre Lösungen konkret zu formulieren. Locke und Latham[42] haben die existierenden Studien zum Thema Zielsetzungen zusammengetragen. Aus all diesen Studien, an denen zusammengerechnet etwa vierzigtausend Testpersonen teilgenommen haben, wird deutlich, dass es vorteilhaft ist, sich Ziele zu setzen, um erfolgreich zu sein. Meistens sind Problemlösungen schon mehr oder weniger als Ziel formuliert. Zum Beispiel: „Ich möchte mir eine neue Stelle suchen" oder „Ich möchte häufiger Sport treiben". Sie sind jedoch noch nicht optimal formuliert. Sie entsprechen noch nicht den sogenannten SMART-Kriterien. Ich werde die Kriterien im Folgenden kurz darstellen:

- *Spezifisch:* Es ist wichtig, dass Sie genau wissen, wie Ihr Ziel aussieht. Zu sagen, man möchte „häufiger" Sport treiben, ist nicht spezifisch genug. Wenn Sie im letzten Jahr überhaupt nicht sportlich aktiv waren, haben Sie in diesem Jahr schon „häufiger" Sport getrieben, wenn Sie nur einmal um den Block gerannt sind. Aber das ist sicher nicht das, was Sie vor Augen haben.

- *Messbar:* Wenn Sie ihr Ziel spezifizieren wollen, ist es sinnvoll, auch sein mögliches Erreichen messbar zu machen. Dreimal die Woche Sport zu treiben ist ein messbares Vorhaben. Ebenso wie dreißig Kilometer zu laufen. Oder sich jeden Tag eine halbe Stunde in gemäßigtem Tempo zu bewegen. Das alles sind Beispiele dafür, wie Sie Ihr Ziel, häufiger Sport zu treiben, messbar machen können.

- *Akzeptabel:* Sich alle möglichen Ziele zu setzen ist schön und gut, doch wenn Ihr Umfeld nicht damit einverstanden ist, werden Sie damit nicht weit kommen. Wie ich in Kapitel 6 bereits betont habe, ist es sehr nützlich, Menschen in seinem Umfeld zu haben, die an einen glauben und einen ermutigen. Wenn Sie an Ihrem Arbeitsplatz etwas erreichen wollen, brauchen Sie ohnehin die Zustimmung Ihrer Vorgesetzten und die Mitwirkung Ihrer Kollegen. Aber auch zu Hause sind Sie von Ihrem Partner und Ihrer Familie abhängig. Wenn Sie sportlich aktiver sein möchten, bedeutet das zum Beispiel oft, dass Sie weniger Zeit mit Ihrer Familie verbringen können. Daher ist es sinnvoll, das im Vorfeld eingehend zu besprechen.

- *Realistisch:* Zum Teil haben Sie darauf schon geachtet, als Sie sich die Konsequenzen und Investitionen Ihrer Problemlösung vor Augen geführt haben. Realistische Ziele sind Ziele, die auch wirklich machbar sind. Natürlich kann man sich das Ziel setzen, in einem Jahr Rechtsanwalt zu sein. Aber wenn Sie mit dem Studium noch nicht angefangen haben, ist das wohl kaum möglich.
  Manchmal bekommt man auch den Rat, sich möglichst hohe Ziele zu setzen. Dahinter steht die Vorstellung, dass man selbst dann, wenn man diese Ziele nicht ganz erreicht, doch eine Menge geleistet hat. Studien belegen jedoch, dass das so nicht funktioniert. Wenn Sie sich ein Ziel setzen, werden Sie erst zufrieden sein, wenn Sie dieses Ziel auch erreicht haben. Sich hohe oder sogar unerreichbare Ziele zu setzen führt nur zu Unzufriedenheit, selbst wenn man dabei viel leistet.

- *Terminiert:* Exakte Zielsetzungen sind auch zeitgebunden. Viele Menschen arbeiten besser mit einer Deadline. Daher ist es vernünftig, bei der Zielsetzung eine Deadline anzugeben. Wenn Sie sich nur vornehmen, irgendwann ein Buch zu schreiben, wird es wohl noch eine Weile dauern, bis es so weit ist. Es wäre günstiger sich vorzunehmen, im nächsten Jahr die ersten fünf Kapitel zu schreiben.

Die oben genannten Ziele „Ich möchte mir eine neue Stelle suchen“ und „Ich möchte häufiger Sport treiben“ könnten SMART formuliert folgendermaßen aussehen: „Ich möchte mir im nächsten halben Jahr eine Stelle im Bereich Informatik suchen, bei der ich ebenso viel verdiene wie jetzt“ und „Ich möchte im nächsten halben Jahr auf jeden Fall dreimal pro Woche eine Stunde Sport treiben“.

Ein Ziel gut zu formulieren genügt natürlich noch nicht. Angenommen, Sie haben sich folgendes Ziel gesetzt: „Ich möchte im nächsten halben Jahres die ersten fünf Kapitel meines Buches schreiben.“ Dann bleibt noch die Frage, wie Sie das genau tun werden. Werden Sie jedes Wochenende einen Tag daran schreiben? Oder nehmen Sie sich einen Tag in der Woche frei, damit Sie mehr Zeit dafür haben? Oder arbeiten Sie lieber in den Abendstunden daran? Und wo werden Sie schreiben? Wer darf die ersten Entwürfe lesen? Das sind alles Fragen, die letztlich dazu führen, tägliche und wöchentliche Aktionspläne zu erstellen.

Im meinem Kurs zum Thema Selbstdisziplin lasse ich Teilnehmer grundsätzlich auf diese Weise arbeiten. Dabei fällt mir immer wieder auf, dass Menschen, die ihre Ziele nicht erreichen, auch nicht klar vor Augen haben, was sie wirklich wollen. Sie haben sich zwar vorgenommen, sich eine neue Stelle zu suchen, aber nicht Schritt für Schritt aufgeschrieben, was sie dafür tun müssen. Oder sie haben eine eigene Firma gegründet, sind sich aber nicht klar darüber, wo ihre Marktchancen liegen und an wen sie ihr Produkt verkaufen können. Wenn dem so ist, kommt der Zeitpunkt, an dem man morgens aufsteht und nicht mehr weiß, was man selbst von sich erwartet. Was meistens dazu führt, dass man nichts tut. Hat man hingegen ein konkretes, machbares Ziel vor Augen, ist man motiviert zu handeln.

Wenn man dann auch noch weiß, welche Schritte man genau unternehmen muss, um sein Ziel zu erreichen, wird man morgens leichter die Disziplin aufbringen, den nächsten Schritt zu gehen.

7. Üben

Nun ist es an der Zeit, Ihre Lösung praktisch umzusetzen. Hier steht allerdings nicht ohne Grund „üben“ und nicht „handeln“. Natürlich müssen Sie nun etwas tun, aber Sie sollten das nicht gleich als definitive Lösung betrachten. Angenommen, Sie möchten aufhören zu rauchen. Sie haben mehrere Möglichkeiten dazu aufgelistet und sich entschieden, Nikotinpflaster zu verwenden. Nach zwei Monaten zeigt sich jedoch, dass Sie wieder in Ihre alten Gewohnheiten zurückgefallen sind. Nun können Sie wie viele andere den Schluss ziehen, dass Ihr Problem unüberwindlich ist, und die Suche nach weiteren Lösungen einstellen. Betrachten Sie Ihr Experiment mit dem Nikotinpflaster jedoch als Übung, fällt es Ihnen sicher leichter zu akzeptieren, dass Ihnen diese Übung nicht gleich beim ersten Mal gelungen ist. Versuchen Sie es einfach noch einmal, vielleicht auch mit einer anderen Methode. Dass die Übung nicht funktioniert hat, beweist schließlich nur, dass diese Methode für Sie nicht die richtige war, es beweist nicht, dass Sie es mit keiner Methode schaffen können. Gehen Sie einfach wieder zurück zu Schritt 3 und versuchen Sie, eine neue Lösung zu finden.

BEISPIEL

Wir formulieren Marias Ziele nach den SMART-Kriterien, indem wir eine Deadline von drei Monaten setzen. Länger will sie die Gastfreundschaft ihrer Mutter nicht in Anspruch nehmen und das sagt sie ihr auch.

Mit ihrem Freund zu brechen fällt ihr sehr schwer. In den ersten Tagen erweckt sie den Eindruck, als sei sie zu gar nichts mehr in der Lage. Ich mache ihr Mut, aktiv zu werden, und erinnere sie an ihre Deadline. Nach einigen Tagen kommt sie doch in Bewegung. Sie arbeitet Schritt für Schritt ihren Plan ab. Je mehr ihr gelingt, desto mehr Vertrauen gewinnt sie in ihre Fähigkeiten. Auf halbem Wege steht sie plötzlich vor einem großen Problem. Es erweist als praktisch unmöglich, bis zum vorgesehenen Zeitpunkt eine Wohnung zu finden. Wir suchen nach einem Plan B, und sie beschließt, noch eine Weile bei einer ihrer Freundinnen zu wohnen. Außerdem besprechen wir noch eine Reihe von Schritten, um wirklich alle Möglichkeiten zur Wohnungssuche zu nutzen.

Nach einiger Zeit sagt sie, dass sie trotz der Trauer über die zerbrochene Beziehung froh ist, diese Schritte unternommen zu haben. Die vergangenen Monate waren für sie anstrengend, und doch gesteht sie lächelnd ein, dass es für ihre Entscheidung höchste Zeit war. Sie weiß nun, dass sie genügend Kompetenzen hat, um selbst zurechtzukommen, und das gibt ihr die Kraft, sich zukünftig in Beziehungen weniger abhängig zu machen.

In meinen Kursen höre ich oft, dass die Teilnehmer mithilfe von Schritt-für-Schritt-Plänen wieder zur Ruhe kommen. Jeden Punkt nach und nach durchzugehen verleiht ihnen das gute Gefühl, die Situation im Griff zu haben. Damit trägt diese Übung auch sehr dazu bei, wieder Hoffnung zu schöpfen und eine optimistische Lebenseinstellung zu gewinnen. Diese Einstellung bietet die Grundlage dafür, wieder frisch ans Werk zu gehen und die gewählte Lösung tatsächlich zu realisieren.

9. | Ändern Sie Ihr Verhalten

Verhalten und Gefühl sind unauflösbar miteinander verbunden. Dass Gefühle unser Verhalten beeinflussen, ist eigentlich nicht besonders überraschend. Wenn man wütend ist, wirft man womöglich mit Dingen um sich, und wenn man angespannt ist, fängt man an zu stottern und bekommt einen roten Kopf. Umgekehrt ruft auch unser Verhalten gewisse Gefühle hervor. Strack, Martin und Stepper baten zum Beispiel in einem Experiment Testpersonen, einen Stift mit ihrem Mund festzuhalten. Die eine Gruppe wurde gebeten, den Stift horizontal zwischen den Zähnen zu halten, was dazu führt, dass der Mund die gleiche Stellung wie beim Lachen einnimmt (vgl. Abb. 9.1).

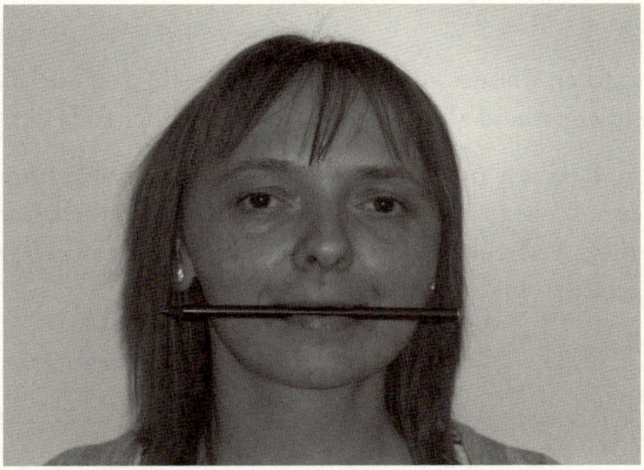

Abbildung 9.1: Stift horizontal zwischen den Zähnen

Die andere Gruppe wurde gebeten, einen Stift vertikal dazu zwischen die Lippen zu nehmen, was für einen verärgerten Gesichtsausdruck sorgt (vgl. Abb. 9.2).

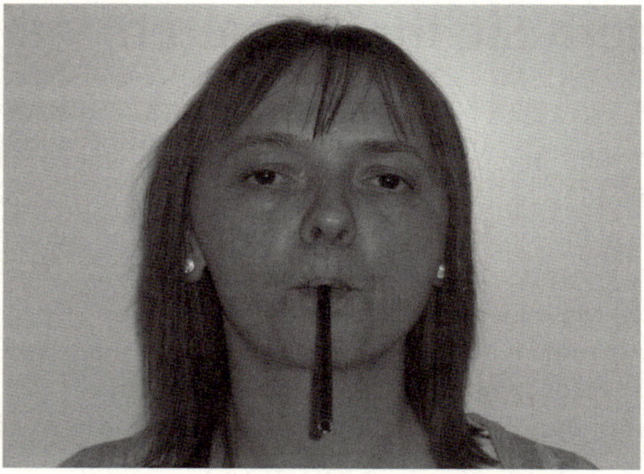

Abbildung 9.2: Stift vertikal zwischen den Lippen

Beide Gruppen wurden Comics vorgelegt. Es zeigte sich, dass die „lachende“ Gruppe die Comicstrips lustiger fand als die „verärgert“ dreinblickende Gruppe.[43]

Bedeutet das nun, dass wir uns so oft wie möglich einen Stift horizontal zwischen die Zähne stecken sollten? In der Praxis funktioniert das natürlich so nicht. Tatsache ist jedoch, dass unser Verhalten sich stark auf unser Gefühl auswirkt. In Kapitel 6 ist Ihnen schon folgende Abbildung begegnet:

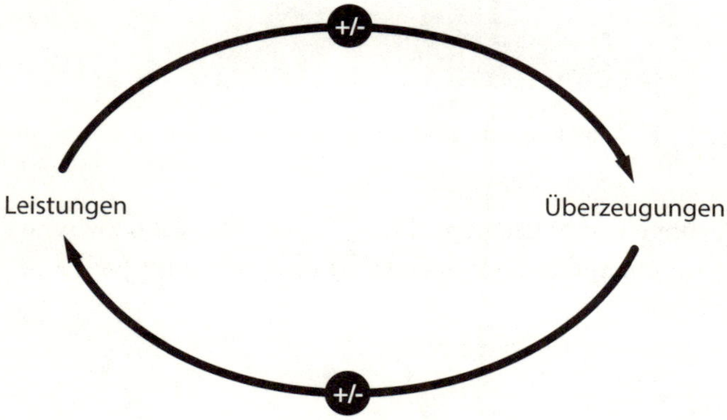

Abbildung 9.3

Damit wollte ich Ihnen deutlich machen, dass sich unsere Leistungen auf unsere Überzeugungen auswirken und umgekehrt. Wenn Sie beim Golf ein paar gute Schläge machen, kommen Sie wie von selbst auf den Gedanken, ganz passabel Golf spielen zu können. Andererseits werden Sie sich beim Golf leichter entspannen und besser schlagen, wenn Sie felsenfest davon überzeugt sind, ein guter Golfer zu sein. In Kapitel 7 und 8 habe ich dargelegt, wie Sie Ihr Verhalten verändern können. In diesem Kapitel möchte ich noch etwas genauer auf die Wirkung eingehen, die diese Verhaltensänderungen auf Ihr Gefühl haben.

Dabei gehen wir wieder vom ABC-Schema aus. Angenommen, Sie haben wenig Vertrauen in Ihre Fähigkeit, berufliche Kontakte zu knüpfen. Sie sind davon überzeugt, dass sich niemand besonders für Ihr Produkt interessiert, da es ziemlich viele Anbieter dafür auf dem Markt gibt. Diese Einstellung führt dazu, dass Sie bei geselligen Netzwerktreffen immer schnell etwas an der Bar trinken und dann gleich wieder gehen. Auf dem Heimweg fragen Sie sich dann, warum Sie überhaupt zu solchen Treffen gehen. Schließlich haben Sie doch nichts davon. Im ABC-Schema sieht das folgendermaßen aus:

A. Situation	Geselliges Netzwerktreffen	
B. Interpretation	Ich habe den Leuten hier nichts zu bieten.	Ich weiß, dass sich jemand für mein Produkt interessiert.
C. Gefühl / Verhalten	in einer Ecke stehen, früh weggehen	aktiv Leute ansprechen, nach Übereinstimmungen suchen und nach ihren Interessen ausfragen

Die Situation ist eindeutig: Es handelt sich um ein geselliges Netzwerktreffen. Sie sind davon überzeugt, den andern nichts zu bieten zu haben, was dazu führt, dass Sie die ganze Zeit in der Ecke stehen. In obiges ABC-Schema habe ich auch eine neue, optimistischere Interpretation eingetragen: Sie wissen, dass Ihr Produkt an bestimmten Punkten besser ist als das der Konkurrenz. Daher sind Sie davon überzeugt, bei anderen Interesse für Ihr Produkt wecken zu können. Und diese Überzeugung bewirkt wiederum ein anderes Verhalten bei Ihnen. Das ist der typische Ablauf in der kognitiven Therapie: Ihre Interpretation verändert Ihr Verhalten.

Manchen Menschen fällt es allerdings schwer, ihre Überzeugungen zu ändern. Sie können sich einfach nicht von ihren Gedanken lösen. Man könnte sie als den „Erst-sehen-dann-glauben"-Typus beschreiben.[vi] Für sie ist die CAB-Methode günstiger.

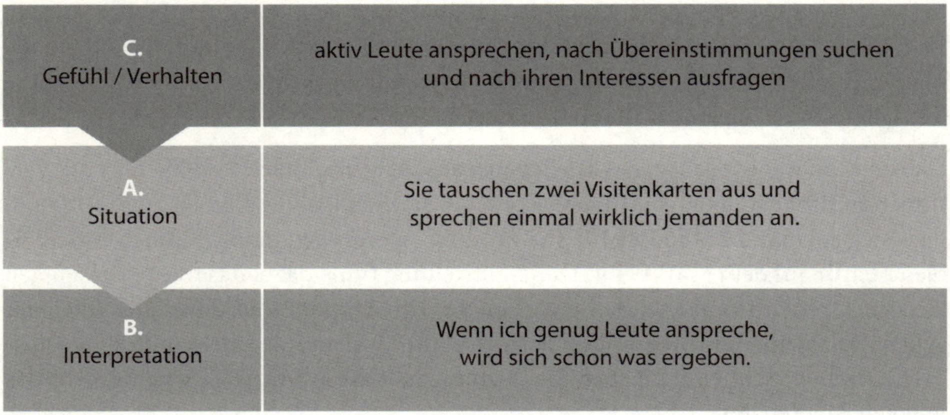

Angenommen, auch Sie lassen sich nur schwer von neuen Interpretationen überzeugen. Mithilfe des CAB-Schemas könnten Sie zunächst so tun, als ob Sie schon ganz von einer neuen Interpretation überzeugt wären, und sich fragen: Wie würde ich mich verhalten, wenn ich doch etwas zu bieten hätte? Dann könnten Sie mit diesem Verhalten experimentieren. Aufgrund dieser Erfahrung können Sie dann in der Praxis sehen, wie sich dieses veränderte Verhalten auswirkt. Wenn Sie Kontakte knüpfen, Visitenkarten austauschen und Termine machen konnten, können Sie wohl davon ausgehen, dass Sie doch etwas zu bieten haben. Für viele Menschen ist es ein entscheidender Grund, ihr Denken zu ändern, wenn sie in der konkreten Praxis die Erfahrung machen, dass die eigene Interpretation falsch ist.

Man kann sich das ABC-Schema also auch als eine Kreisbahn vorstellen, in die man an unterschiedlichen Punkten einsteigen kann. Entweder man ändert das eigene Denken oder man handelt anders (s. Abb. 9.4). Noch günstiger ist es, sich das ABC-Schema in Form einer Spirale vorzustellen, in der positive Interpretationen ein positives Verhalten bewirken, dieses wiederum positive Interpretationen nach sich zieht usw. Wenn man sich zum Beispiel etwas deprimiert fühlt, kann man sich davon zu überzeugen versuchen, dass es noch genug Dinge auf der Welt gibt, für die es sich zu leben lohnt. Das kann dazu führen, dass man sich wieder angenehmeren Unternehmungen zuwendet. Diese wiederum können die Interpretation, dass es auch noch

vi In manchen Selbsthilferatgebern wird die ABC-Methode durch den Leitsatz „erst glauben, dann sehen" charakterisiert. Das scheint mir eine durchaus passende Charakterierung zu sein. Wer nämlich eine Situation anders interpretiert, der sieht sie auch anders.

schöne Dinge im Leben gibt, verstärken. Wenn ein solcher Prozess abläuft, befindet man sich in einer positiven Spirale (s. Abb. 9.5).

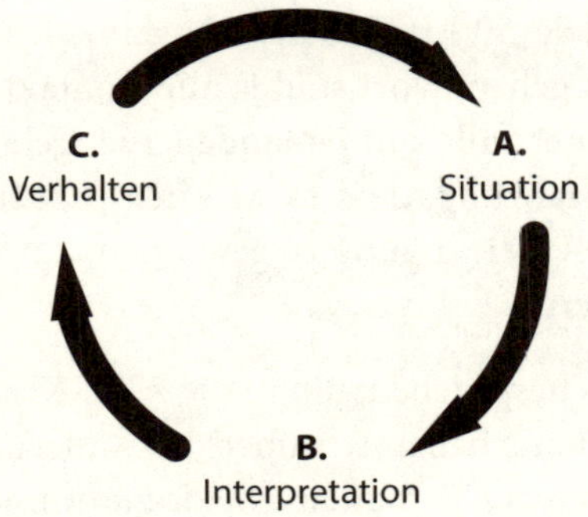

Abbildung 9.4

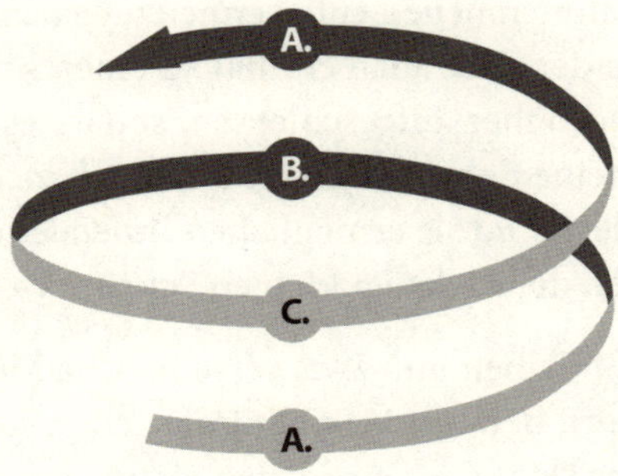

Abbildung 9.5

Umgekehrt funktioniert es aber auch. Wer glaubt, niemand wäre an ihm interessiert, entscheidet sich vielleicht lieber dafür, zu Hause zu bleiben. Was diese Vorstellung noch weiter verfestigt, da er ja auch niemandem begegnet. Die Kunst besteht nun darin, diese negative Spirale zu durchbrechen, indem er den ersten Schritt zu einer positiven Wendung wagt.

Wenn Sie mit Ihrem Verhalten experimentieren, ist es wichtig, sich nicht gleich zu viel vorzunehmen. Sind Sie zum Beispiel nicht gerade von Ihrer Attraktivität als Mann überzeugt, macht es keinen Sinn, in den teuersten Nachtclub der Stadt zu gehen und dort bildschöne junge Frauen anzusprechen. Denn das Risiko, dass diese Frauen Sie abblitzen lassen, ist ziemlich groß. Ihre praktische Erfahrung würde dann Ihre negative Interpretation nur verstärken. Das ist natürlich nicht Zweck der Übung.

Sie sind im Irrtum, wenn Sie glauben, sich aufgrund dieser Erfahrung nur etwas vorzumachen. Eine Schachpartie gegen Magnus Carlsen zu verlieren bedeutet doch noch nicht, nicht Schach spielen zu können. Und auf dem Rad von Lance Armstrong überholt zu werden heißt noch lange nicht, nicht Fahrrad fahren zu können. Sich selbst mit den Allerbesten zu vergleichen ist sicherlich keine realistische Art und Weise, seine Kompetenzen richtig einzuschätzen. Vernünftiger wäre es, möglichst objektiv einzuschätzen, wo man momentan steht, und von diesem Punkt aus den Versuch zu unternehmen, Fortschritte zu machen.

Sind Sie davon überzeugt, dass sich niemand für Sie interessiert, ist es sicherlich eine gute Idee, sich ehrenamtlich zu engagieren. Denn an neuen ehrenamtlichen Helfern sind viele gesellschaftliche Organisationen mehr als interessiert. Sie könnten auch Mitglied in einem Verein werden. Das wäre eine Möglichkeit, in einem geordneten Rahmen neue Leute kennenzulernen. Sollten Sie damit Erfolg haben, ist es vielleicht an der Zeit, auch einmal zu einer Singleparty zu gehen. Dort sind ja alle Kontakten gegenüber aufgeschlossen, sodass es Ihnen leichter fällt, auf jemanden zuzugehen. Kleine Schritte erhöhen Ihre Chance auf die Erfahrung, dass es wirklich funktioniert, und sie ermöglichen Ihnen, eine positivere Überzeugung zu gewinnen, die Ihnen die nächsten kleinen Schritte weiter erleichtern.

Wir haben nun zwei verschiedene Möglichkeiten besprochen, um in die ABC-Kreisbahn bzw. die ABC-Spirale „einzusteigen". Zunächst haben wir über die Änderung des Denkens gesprochen, dann über die Änderung des Verhaltens. Beide zusammen sind Bestandteil der *Kognitiven Verhaltenstherapie (KVT)*. Beide zu nutzen erweist sich als besonders wirksam.

Wir sind hier am Ende des Kapitels über Kompetenz angelangt. Im Folgenden möchte ich nun darauf eingehen, wie sich unser Wissen über Kompetenz und Selbstwert sowohl in der Theorie als auch in der Praxis zusammenbringen lässt.

Teil IV

Arbeit am optimalen Selbstvertrauen

10. Perfektionismus und Versagensangst

Ich habe dieses Buch mit einer kurzen Beschreibung des optimalen Selbstvertrauens begonnen. Im zweiten und dritten Teil bin ich detaillierter auf die Themen Selbstwert und Kompetenz sowie deren Stärkung eingegangen. In diesem vierten Teil soll sich nun alles zusammenfügen. Zunächst gehe ich darauf ein, welche Probleme sich aus einem Ungleichgewicht zwischen Selbstwert und Kompetenz ergeben können. Dann lege ich dar, wie Sie an Ihrem optimalen Selbstvertrauen arbeiten können, ohne dabei aus den Augen zu verlieren, dass sich die beiden Aspekte des Selbstvertrauens gleich stark entwickeln. Zum Schluss gebe ich in aller Kürze einen Überblick über die unterschiedlichen Veränderungsmöglichkeiten, damit Sie wissen, wie Sie Ihr Selbstvertrauen stärken und wo Sie dabei ansetzen können.

In diesem Kapitel geht es um Perfektionismus und Versagensangst. Diese zwei Probleme betreffen vor allem Menschen, deren Kompetenzen groß und deren Selbstwert gering ist.

BEISPIEL

Caroline ist Leiterin des Geschäftsbereichs einer großen Bekleidungsmarke. Als sie mich aufsucht, frage ich mich verzweifelt, wie ich ihr überhaupt helfen kann. Ihr Handeln wirkt sehr selbstsicher. Sie hat einen festen Händedruck, ist geschäftsmäßig, korrekt gekleidet und bewegt sich resolut. Schon kurz nachdem wir uns bekannt gemacht haben, äußert sie sich kritisch zu meinem Büro und der ersten Kontaktaufnahme. Sie stört sich daran, dass ich nicht gleich ans Telefon gegangen bin, als sie einen Termin mit mir abmachen wollte, und findet es seltsam, dass vor meinem Büro kein großes Namensschild hängt. Frank und frei ihre Meinung zu sagen ist für sie offensichtlich kein Problem.

Es dauert eine Weile, bis unser Gespräch zum Kern ihres Anliegens kommt, denn Caroline lässt sich nicht so gern in die Karten schauen. Schließlich kommt sie doch zur Sache: Sie fühle sich in der letzten Zeit ständig unsicher, sagt sie. An ihrem Arbeitsplatz müsse sie immer auf der Hut sein, denn sie fürchte, ihr Team könnte sich gegen sie wenden. Daher investiere sie viel Kraft und Zeit, um ihre Arbeit perfekt zu erledigen und eventuelle Fehler zu verbergen. Sie könne sich keinen Moment der Schwäche leisten, weil sonst alle über sie herfallen würden. Sie arbeite fast ununterbrochen, und auch wenn sie mal frei habe, kreisten ihre Gedanken weiter um ihre Arbeit. Ihre Erschöpfung wird immer größer. Es muss eindeutig etwas passieren.

Carolines Verhalten lässt sich unter Rückgriff auf eine Reihe wissenschaftlicher Erkenntnisse gut interpretieren. Zunächst ist es wichtig, genau zu verstehen, was sie antreibt. Eine von Wolfe und Crocker unter Studenten durchgeführte Studie[44] hat dazu Erhellendes beigetragen. Die Studenten wurden gefragt, was ihnen wichtiger wäre, gute Noten zu bekommen oder den Stoff zu verstehen. Studenten, deren Selbstwert ausgeprägt und deren Kompetenz groß waren, legten besonders viel Wert darauf, den Stoff zu verstehen. Studenten, deren Kompetenz zwar groß, deren Selbstwert aber gering waren, hielten meistens die Noten und nicht den Lernprozess für entscheidend. Erfolgreich zu *erscheinen* war ihnen wichtiger, als erfolgreich zu *sein*.[vii]

Dass diese Studenten, wie eine andere Studie aufwies, eher dazu tendierten abzuschreiben, kann daher kaum erstaunen.[45] Das Ergebnis ist für sie das einzige, was zählt. Schon in der Schule sind solche Mogeleien keine schöne Sache, doch halten sich hier die Konsequenzen für den Fall, dass man dabei erwischt wird, noch im Rahmen.

Im Berufsleben haben solche Schwindeleien aber noch üblere Konsequenzen, weil hier auch andere den Schaden davontragen. Um jeden Preis Erfolg haben zu wollen, kann zu Betrug oder Trickserei en führen.

BEISPIEL

Diese Einstellung erkenne ich auch bei Caroline. Sie zeigt wenig Engagement für ihr Unternehmen und sorgt sich vor allem darum, wie andere ihre Leistung einschätzen. Daher stört es sie, wenn andere aus ihrem Team mehr verkaufen als sie selbst. Das ist zwar günstig für das Unternehmen, aber ungünstig für ihre Reputation. Sie gesteht beschämt ein, dass sie guten Verkäufern deshalb manchmal zeitraubende und unangenehme Arbeiten aufhalst, um deren Erfolge zu drosseln. Finanziell hat sie davon keinen Vorteil, und ihr Unternehmen erleidet dadurch sogar einen Verlust. Sie tut es aber, weil sie selbst in den meisten Monaten die höchsten Verkaufszahlen vorweisen will.

Es ist offensichtlich, dass ihre Einstellung einer wirklich guten Leistung im Wege steht. Wer vor allem damit beschäftigt ist, Eindruck zu schinden, wird weniger leisten als ein Mitarbeiter, der all seine Energie wirklich in seine Aufgabe steckt. Natürlich gehört zu jeder Arbeit auch ein gewisses Maß an *Impression Management*. Pianisten und Rechtsanwälte werfen sich in Schale, wenn sie zur Arbeit gehen. Metz-

vii In meinen Trainings wird mir bei diesem Thema oft entgegnet, dass doch beides eng miteinander zusammenhänge. Und das ist natürlich auch so. Menschen, die den Stoff besser verstehen, werden auch im Allgemeinen besser abschneiden. Wir werden jedoch sehen, dass es einen ziemlichen Unterschied macht, worauf man den Nachdruck legt.

ger und Bäcker setzen alles daran, ihre Ware möglichst appetitlich zu präsentieren. Doch wenn die Präsentation wichtiger wird als die Leistung, läuft etwas falsch. Man kann sein Brot noch so schön präsentieren, wenn es nicht schmeckt, wird es niemand kaufen. Oder diesen Fehler zumindest kein zweites Mal begehen.

Menschen, denen der Eindruck, den sie bei anderen hinterlassen, wichtiger ist als ihre tatsächliche Leistung, können in der Regel auch schlecht mit Kritik umgehen und haben wenig Mut, Fehler zu riskieren[46]. Auch das wirkt sich ungünstig auf ihre Leistung aus.

Keine Kritik annehmen

Menschen, die ihr Selbstvertrauen auf ihren Erfolg stützen, fällt es oft nicht leicht, Kritik anzunehmen. Sie können Kritik an ihrer Arbeit nur schwer von Kritik an ihrer Person trennen. Kritik an ihrer Leistung fassen sie als einen direkten Angriff auf ihren Selbstwert auf.

Um mit ihren Schwächen nicht so häufig konfrontiert zu werden, setzen sie auch einiges daran, die Evaluation ihrer Leistung zu vermeiden. Einflussreiche Personen in hohen Funktionen gehen oft sogar noch weiter. Sie weichen der Kritik nicht nur aus, sondern gehen auch aktiv dagegen vor. *Shoot the messenger* ist hier eine häufig zu beobachtende Strategie. Wer Kritik an ihnen äußerst, wird nicht nur ignoriert, sondern sogar lächerlich gemacht oder abgestraft. Oft scharen solche Menschen ein Heer von Ja-Sagern um sich herum, die sie in ihrer Bedeutung bestätigen und ihre Mängel geflissentlich übersehen.

Kritik zu vermeiden wirkt sich ungünstig auf die eigene Entwicklung aus. Die Evaluation des eigenen Handelns ist, wie wir bereits im Kapitel über Kompetenzen gesehen haben, notwendig, um Fortschritte zu machen. Seine Fehler selbst zu erkennen ist manchmal schwierig. Denn wenn man wüsste, wo die eigenen Fehler liegen, hätte man sie wahrscheinlich doch schon früher vermieden. Wer Feedback aus dem Weg geht, schützt kurzfristig seinen Eigenwert, nimmt sich aber langfristig selbst die Chance dazuzulernen.

Angst vor Fehlern

Die Angst, Fehler zu machen, bezeichnet man auch als Versagensangst.[47] Sie lässt sich aus dem bisher Beschriebenen leicht nachvollziehen. Wer seinen Eigenwert auf seine Leistung stützt, wird sich sehr davor fürchten, Fehler zu machen. Denn Fehler zeigen, dass man etwas nicht kann. Und je weniger man kann, desto weniger ist man seiner eigenen Ansicht nach wert. In einem Lernprozess sind Fehler jedoch unvermeidlich. Wer krampfhaft Fehler zu vermeiden versucht, wird auch jedes Risiko scheuen. Das ist keine besonders erfolgreiche Strategie, um Veränderungen anzustoßen oder innovativ zu sein. Und es ist auch keine kluge Taktik für jemanden, der noch über geringe Kompetenzen verfügt und daher nur schwer einschätzen kann, was richtig und falsch ist. Übung wäre in einem solchen Fall am wichtigsten, doch Übung führt zwangsläufig dazu, manchmal auch Fehler zu machen. Der Versuch, Fehler zu vermeiden, vermindert die Chance, etwas zu lernen, ganz erheblich.

In meiner Coachingpraxis begegnen mir oft Klienten, die *nicht den Mut haben,* ihre Kompetenz von ihrem Selbstwert zu lösen. Sie sind nämlich der Auffassung, mehr leisten zu können, wenn sie ihr Selbstbild an ihre Leistung koppeln. Dahinter verbirgt sich die Vorstellung, dass die ständige Angst davor, zu versagen und als wertloser Mensch angesehen zu werden, den Leistungsdruck erhöht. Die oben erwähnte Studie belegt allerdings, dass diese von einem ständigen Leistungsdruck geprägte Einstellung die eigene Leistung eher verschlechtert als verbessert – und dass umgekehrt die Entkoppelung von Selbstwert und Kompetenz sich nicht nur besser anfühlt, sondern auch die Leistung erhöht.

BEISPIEL

Obwohl Caroline meine „Diagnose" bestätigt, ist sie anfangs nicht dazu bereit, ihre Kompetenz von ihrem Selbstwert zu entkoppeln. Sie ist bereit, unter Druck und in ständiger Unsicherheit zu leben, wenn sie dadurch mehr erreicht. Als ich ihr erkläre, dass diese Einstellung gute Leistung gerade verhindere, zeigt sie sich wenig beeindruckt. Was ein Coach über Leistung denkt, fällt für sie kaum ins Gewicht. Von jemandem, der nicht mal ans Telefon geht, wenn ein neuer Kunde anruft, will sie sich offenbar nichts über Gewinnermentalität erzählen lassen.

Um sie doch noch zu überzeugen, rate ich ihr, das Buch *Von Spitzensportlern lernen* von Loehr und Schwarz[48] zu lesen, von zwei Sportpsychologen, die in ihrer Betreuung olympischer Athleten denselben Ansatz verfolgen wie ich. Sie betonen, dass Athleten, die immer nur gewinnen wollen, gestresster sind als Athleten, die sich in erster Linie an ihren Fortschritten orientieren. Sie haben festgestellt, dass dieser Stress oft dafür ursächlich ist, dass sie weniger leisten. Vor allem in Momenten, in denen es drauf ankommt.

Bei unserem nächsten Treffen wird deutlich, dass das Buch Caroline mehr beeindruckt hat als mein Rat. Sie ist nun jedenfalls entschlossen, sich stärker der Kritik zu stellen, um ihre Leistung objektiver einschätzen zu können. Zwar hat sie sich meinen Rat wahrscheinlich immer noch nicht zu Herzen genommen, doch ihr Verhalten und ihr Denken sind etwas offener geworden. Das genügt ihr, und mir daher auch.

Perfektionismus

Jemand, der sich nur dann wohlfühlt, wenn seine Leistung perfekt ist, wird als Perfektionist bezeichnet. Dieser Eigenschaft begegnet man vor allem bei Menschen, die ein geringes Selbstwertgefühl und eine hohe Kompetenz haben. Tal Ben-Shahar hat dieses Thema in seinem Buch *The Pursuit of Perfect: How to Stop Chasing Perfection and Start Living a Richer, Happier Life* (2009; noch nicht ins Deutsche übersetzt) überzeugend dargestellt. Ben-Shahar hat über die Selbstvertrauenstheorie promoviert, die ich hier präsentiere, und gilt als einer der führenden Köpfe der Positiven Psychologie. Seine Vorlesungen über Positive Psychologie in Harvard waren die populärsten der ganzen Universität.

Bevor er mit diesen Vorlesungen begann, hatte er sich auf der Grundlage wissenschaftlicher Studien *und* seiner persönlichen Erfahrungen mit dem Thema Perfektionismus auseinandergesetzt. Seine Erfahrungen und Probleme sind bezeichnend für Perfektionisten. 1987 hatte Ben-Shahar die israelischen Squash-Meisterschaften gewonnen. Sein Gefühl bei diesem Erfolg beschreibt er folgendermaßen: „Ich war sehr begeistert, dass ich die Meisterschaft gewonnen hatte, und fühlte mich wirklich glücklich. Ungefähr drei Stunden lang." Danach kam in ihm der Gedanke auf, die israelische Meisterschaft zu gewinnen sei bei näherem Hinsehen eigentlich keine besondere Leistung, und er steckte sich das Ziel, Weltmeister zu werden. Die erwartete Freude über den Sieg hielt gerade einmal drei Stunden. Das ist typisch für Perfektionisten. Sobald sie ihr Ziel erreicht haben, relativieren sie dieses Ziel und stecken sich noch höhere Ziele. Sie machen sich vor, endlich glücklich zu sein, wenn sie dieses nächste Ziel erreicht haben. Doch tief in ihrem Innern ahnen sie bereits, dass sie auch nach dem Erreichen dieses Ziels nur für wenige Stunden zufrieden sein werden. Wäre Ben-Shahar tatsächlich Squash-Weltmeister geworden, hätte er zweifellos erkannt, dass Squash doch nur eine Randsportart und seine Leistung eigentlich ziemlich unbedeutend ist. Vielleicht hätte er sich dann auf Tennis verlegt. Oder er hätte sich vorgenommen, so lange wie möglich Squash-Weltmeister zu bleiben.

Doch damals durchschaute Ben-Shahar diese Zusammenhänge nicht und begann rigoros für die Weltmeisterschaft zu trainieren. Er zog nach London und trainierte dort genauso hart wie der damalige Weltmeister.

Da er seine Trainingsintensität aber von einem auf den anderen Tag dramatisch erhöhte, ließ er seinem Körper keine Zeit, sich an das veränderte Pensum zu gewöhnen. Da er partout nicht aufgeben wollte, kam es nach und nach zu immer mehr Verletzungen.

Auch das ist typisch für einen Perfektionisten: Weil er enorme Anforderungen an sich stellt, arbeitet er oft unvernünftig hart. Ein Burn-out, also ein totaler Erschöpfungszustand lässt dann oft nicht lange auf sich warten. Und auch, wenn es nicht so weit kommt, ist das Leben eines Perfektionisten doch oft ziemlich stressig. Die Angst zu scheitern nagt ständig an ihm. Seine perfektionistische Einstellung macht es ihm fast unmöglich, die Erfüllung seiner Pflichten zu genießen. Und da der Weg zum Ziel in aller Regel den längsten Teil einer Reise darstellt, hat er kaum eine Chance, sich wirklich wohlzufühlen.

Ben-Shahar machte bei seinen Wettkämpfen zudem eine seltsame Erfahrung. Manchmal, wenn er bereits im Begriff war zu gewinnen, machte sein Körper von einem Moment auf den anderen *dicht,* und er bekam überall Krämpfe, sodass er schließlich doch noch verlor.

Auch das ist bei Perfektionisten ein häufig zu beobachtendes Phänomen. Die Angst zu versagen, ist so groß, dass in kritischen Momenten oft gar nichts mehr geht. Der Druck, unter dem sie dann stehen, ist so enorm, dass sie ihn einfach nicht mehr bewältigen können. Dieser Druck erwächst jedoch nicht aus der Sache selbst. Ben-Shahar verspürte ihn auch dann, wenn er einen großen Vorsprung hatte und sichergehen konnte zu gewinnen. Das Problem lag vielmehr darin, dass er sich selbst eingeimpft hatte, dass ein Scheitern einer Katastrophe gleichkäme. Diese Vorstellung war es, die ihn letztlich massiv unter Druck setzte.

Alles in allem zeigt sich Perfektionismus an drei Einstellungen:

1. Perfektionisten stellen an sich selbst sehr hohe Anforderungen. Wenn sie diese Anforderungen bewältigen, stellen sie noch höhere Anforderungen an sich. Sie sind nie mit ihren Leistungen zufrieden.
2. Der ständige Leistungsdruck und die Versagensangst sorgen für Stress und erhöhen die Gefahr eines Burn-outs.
3. Die Angst zu versagen führt bei Perfektionisten in kritischen Momenten oft dazu, dass sie in eine Art Schockstarre verfallen.

Das 3. Kapitel handelt von Menschen, die sich vor allem anderen darum sorgen, was ihre Umgebung von ihnen hält, und sich unermüdlich darum bemühen, andere durch ihre Leistung zu beeindrucken. Perfektionisten sind in dieser Beziehung noch extremer. Sie sorgen sich nicht nur darum, was andere über sie denken, sondern wollen vor allem ihren eigenen hohen Maßstäben genügen. Ben-Shahars Eltern und Freunde waren wahrscheinlich von seinem Gewinn der israelischen Meisterschaft sehr beeindruckt. Er selbst aber legte die Latte gleich noch ein Stück höher.

Perfektionisten können ihren eigenen Maßstäben nie genügen, denn diese orientieren sich an Vollkommenheit. Und Vollkommenheit liegt nun einmal nicht im Bereich des Menschenmöglichen. Wir werden es vielleicht irgendwann einmal schaffen, eine perfekte Tasse Kaffee zu kochen, wenn wir das unser Leben lang versuchen. Aber bei komplexeren Tätigkeiten wird das schon schwierig. Selbst ein Fußballer wie Messi ist nicht perfekt. Und dabei kann Messi sich noch voll und ganz auf Fußball konzentrieren. Ganz anders als die meisten von uns, die in ihrem Leben mehrere Rollen – eines Elternteils, eines Arbeitnehmers, eines Freundes oder einer Freundin, eines Bruders oder einer Schwester, eines Sohns oder einer Tochter – in einer Balance zueinander halten müssen. Wer all diese Rollen perfekt ausfüllen will, ist natürlich zum Scheitern verurteilt.

Ein mögliches Gegenargument liegt vielleicht darin, dass Ben-Shahar trotz allem ziemlich erfolgreich war. Schließlich ist er doch trotz seines Perfektionismus israelischer Squash-Meister geworden. Auch wenn er letztlich nicht Weltmeister wurde, lässt sich doch nicht leugnen, dass ihn seine Einstellung zum Erfolg geführt hatte. Man könnte sich allerdings fragen, wie wünschenswert ein Erfolg ist, der mit so viel Stress und Unsicherheit verbunden ist. Aus Ben-Shahars Schilderung lässt sich herauslesen, dass er ständig unzufrieden war, unter großem Druck stand und kaum etwas anderes tat, als sich abzurackern. Mit dem Ergebnis, dass er nach all den Jahren drei Stunden glücklich war. Das ist für diesen Erfolg und diese kleine Belohnung ein hoher Preis. Vor allem wenn man bedenkt, dass eine andere, nämlich stärker aufgabenorientierte und weniger egoorientierte Einstellung gegenüber seinen Leistungen zu besseren Resultaten geführt hätte.

Egoorientiert oder aufgabenorientiert?

Wer Perfektionismus und Versagensangst entgegenwirken will, tut gut daran, Selbstwert und Kompetenz zu entkoppeln. Das lässt sich gut mithilfe des ABC-Schemas bewerkstelligen. Füllt man das Schema regelmäßig aus, wird man bald erkennen, ob man etwas tut, weil man es inhaltlich für bedeutsam hält oder weil man andere beeindrucken möchte. Um die Unterscheidung noch verständlicher zu machen, gehe ich hier auf die Differenz zwischen einer egoorientierten und einer aufgabenorientierten Aktivität ein.

Im Allgemeinen gibt es zwei Gründe dafür, etwas zu tun. Man tut etwas, weil man andere beeindrucken will, oder man tut es, weil man an der Aktivität selbst interessiert ist. Aktivitäten, die darauf ausgerichtet sind, andere zu beeindrucken, bezeichnet man als egoorientiert. Sie dienen dem Zweck, unser Ego zu stärken. Aktivitäten, die wir an sich wertvoll finden, bezeichnen wir als aufgabenorientiert.[49]

Egoorientierte Aktivitäten sind nicht dazu geeignet, das Selbstvertrauen zu stärken. Das Ego ist unersättlich. Ein Nimmersatt, der nach immer mehr verlangt. Selbst wenn wir erfolgreich sind, hört er damit nicht auf. Aufgabenorientierte Aktivitäten eignen sich dagegen durchaus dazu, das Selbstvertrauen zu stärken. Sie fördern unsere Kompetenz, denn sie tragen dazu bei, unsere Problemlösungsfähigkeiten und unser Können auszubauen, und sie steigern unseren Selbstwert, weil wir uns in diesen Aktivitäten für etwas engagieren, das uns wichtig ist.

Aufgabenorientierte und egoorientierte Aktivitäten voneinander zu unterscheiden ist zwar schwierig, aber nicht unmöglich. Nehmen wir einmal an, Sie würden Musik machen. Dann könnten Sie das tun, weil Sie gerne als „Künstler" betrachtet werden, berühmt sein und von Ihren Fans verehrt werden möchten. Sie könnten aber auch Musik machen, weil Sie eine gewisse Vorstellung von Musik haben, an der Ihnen etwas liegt und die Sie gerne mit der Welt teilen möchten. Im zweiten Fall ginge es Ihnen um gewisse Werte, die außerhalb Ihrer selbst lägen. Im ersten Fall wären Sie nur darauf bedacht, andere zu beeindrucken.

Beispiel

Naomi Olenski ist ein gutes Beispiel für eine Sportlerin, der es gelungen ist, ihr Ego und ihre Leistungen getrennt voneinander zu halten. Naomi ist Amateurboxerin, sie boxt auf höchstem Niveau. Sie hatte gehofft, 2012 an den olympischen Spielen teilnehmen zu können. Ihre Ansichten zu ihren Leistungen sind bezeichnend dafür, worum es mir geht. In einem Interview für das Noord-Amsterdams Nieuwsblad sagte sie: „Sport bedeutet mehr als das Gewinnen von Wettkämpfen. Auch bei einer Niederlage fühle ich mich nicht unbedingt als Verliererin. Ich boxe, um ein möglichst hohes Niveau zu erreichen, und wenn das zu Siegen führt, ist das umso schöner." Wenn sie von einem „möglichst hohen Niveau" spricht, meint sie nicht das allgemeine, sondern das für sie persönlich erreichbare Niveau. Sie versucht, so gut wie möglich zu werden, und geht davon aus, dass sich die Siege, deren Erreichbarkeit innerhalb ihrer Möglichkeiten liegen, dann schon von alleine einstellen werden.

Für Naomi ist das Boxen selbst wichtig, weniger die Siege. Ihr geht es also nicht nur darum, besser zu sein als die anderen. Das hat einen großen Vorteil: Mit dieser Einstellung fällt es ihr leichter, mit Niederlagen und Verlusten umzugehen. Naomi konzentriert sich darauf, ihre eigene Leistung zu steigern, sie weiß aber, dass ihr Erfolg von zwei Komponenten abhängt. Von ihrer eigenen Leistung und der Leistung ihrer Gegnerinnen. Auf deren Leistungen hat sie keinen Einfluss, also richtet sie ihr Augenmerk allein auf ihre eigenen Leistungen. Wenn sie trotzdem verliert, hat sie sich nichts vorzuwerfen. Sie hat ihr Möglichstes für ihren Erfolg getan. Ihre Gegnerin war dann einfach besser.

Aus der Unterscheidung zwischen egoorientierten und aufgabenorientierten Aktivitäten wird erkennbar, dass sich die Schwierigkeiten mit mangelndem Selbstvertrauen nicht daraus ergeben, welches Ziel man verfolgt, sondern daraus, mit welcher Einstellung man dieses Ziel verfolgt. Wird man sich zum Beispiel dessen bewusst, dass man sich mit Musik vor allem befasst, um den eigenen Selbstwert zu erhöhen, bedeutet das nicht unbedingt, dass man nun aufhören sollte, Musik zu machen. Der Grund für das fehlende Selbstvertrauen ist schließlich nicht die Musik, sondern die Einstellung zur Musik. Daher kann es auch ausreichen, diese Einstellung zu ändern.

Das ist ein wichtiger Unterschied, denn manche Klienten glauben, sie müssten in ihrem Leben eine völlig andere Richtung einschlagen, nur weil sie erkannt haben, dass sie gewisse Ziele bisher nur wegen der Steigerung ihres Selbstwertgefühls verfolgt haben. Was ihnen vorher wichtig erschien, scheint nun auf einmal „wertlos“ zu sein. Manchmal ist das auch so. Zum Beispiel, wenn man eine Arbeit, die einem völlig sinnlos erscheint, nur deshalb macht, weil sie einem einen gewissen Status verleiht. Meistens verhält es sich jedoch nicht so simpel. Oft hat man eine Aktivität aus ehrlichem Interesse und Engagement begonnen und erst nach einer gewissen Zeit wird diese Aktivität von dem eigenen Ego „gekapert“.

Im Spitzensport begegnet man diesem Phänomen des Öfteren. Fußball, Tennis oder Golf spielen die meisten Menschen zunächst, weil es ihnen Spaß macht. Doch wenn sie nach einer Weile an professionellen Wettkämpfen teilnehmen und damit viel Geld verdienen, mischt sich ihr Ego ein. Aus der reizvollen Aktivität wird nun eine Möglichkeit, sein Ego aufzupolieren. Das Siegen wird wichtiger als das Spiel. Und damit geht der Spaß am Spiel oft weitgehend verloren. Erst wenn diese Sportler wieder lernen, ihren Sport mit anderen Augen zu sehen, kommt der Spaß zurück. Und mit dem Spaß steigt oft auch wieder ihre Leistung.

So kann es einem auch mit anderen Tätigkeiten ergehen. In einem früheren Beispiel (siehe S. 42+59) habe ich von Jonathan berichtet, der seine Arbeit als Marketingspezialist vor allem als eine Möglichkeit betrachtete, erfolgreicher zu sein als andere. Nachdem er das erkannt hatte, fragte er sich, was er nun tun sollte. Letztlich zeigte sich, dass die Lösung greifbar nahe lag. Sich mit den psychologischen Prozessen zu befassen, die die Grundlage des Marketings bilden, fand Jonathan ebenso interessant und inspirierend wie den kreativen Prozess der Entwicklung von Kampagnen. Im Laufe der Zeit hatte die Sorge um seine Karriere und seinen Status diesen Spaß an seinem Tätigkeitsbereich jedoch überschattet. Für ihn war es daher nicht nötig, den Marketingbereich zu verlassen, für ihn genügte es, den Spaß an seiner Arbeit wiederzuentdecken.

Das ABC-Schema eignet sich auch hervorragend dazu, mit dem Problem des Perfektionismus umzugehen. Auch bei Perfektionismus geht es schließlich eher um die Interpretation einer Situation als um ein konkretes Handeln. Sein Denken zu erforschen und zu ändern kann daher auch einiges dazu beitragen, Perfektionismus zu „heilen“.

11. Arroganz und Minderleistung

Auch wenn es eine ziemlich starke Verallgemeinerung darstellt, möchte ich hier doch erwähnen, dass meiner Erfahrung nach vor allem Klienten jenseits der dreißig mit dem im vorhergehenden Kapitel beschriebenen Problem zu kämpfen haben. Das trifft natürlich nicht immer zu, wohl aber hat ein Großteil dieser Klienten eher mit dem Ungleichgewicht zwischen einem geringen Selbstwert und großer Kompetenz zu kämpfen. Bei jüngeren Klienten zeigt sich hingegen eher das umgekehrt Bild. Sie haben häufig ein sehr starkes Selbstwertgefühl, zeigen aber wenig Interesse, diesen Selbstwert durch Leistungen zu untermauern. Die Probleme, die sich daraus ergeben, sind Arroganz und Minderleistung.

Ein übersteigertes Selbstwertgefühl – Arroganz

Arroganz basiert auf der Annahme, selbst mehr wert zu sein als andere. Natürlich geht jeder gern davon aus, selbst etwas wert zu sein, dass das für alle anderen ebenso gilt, wollen manche jedoch nicht unbedingt so sehen, auch wenn es logischerweise so ist. Wenn man davon ausgeht, selbst etwas wert zu sein, weil man ein Mensch ist, folgt logischerweise daraus, dass alle anderen auch etwas wert sind. Menschen mit einem sehr hohen Selbstwertgefühl sehen gern darüber hinweg, und das hat gewisse Nachteile. Denn wer sich für etwas Besonderes hält und das auch andere spüren lässt, wird höchstwahrscheinlich als arrogant angesehen.

Aus dem Gefühl, etwas Besonderes zu sein, erwächst oft die Vorstellung, man verdiene bestimmte Privilegien und eine spezielle Behandlung. In unserer Gesellschaft entspricht diese Vorstellung aber selten der Realität. In Unternehmen im Allgemeinen und im Militär im Besonderen gibt es eine klare Hierarchie. Menschen, die einen geringeren Status haben, haben weniger zu sagen und auch weniger Privilegien. Es ist wichtig zu verstehen, dass diese Hierarchie nichts mit ihrem Wert zu tun hat. Das habe ich bereits in den Kapiteln über Selbstwert (Teil II) betont. Mitarbeiter, die in der Hierarchie einer Organisation eine höhere Funktion bekleiden, haben nicht deshalb bestimmte Privilegien, weil sie bessere Menschen sind, sondern weil sie der Organisation mehr nutzen. Sie werden anders behandelt, weil sie größere Kompetenzen haben, nicht weil sie als Menschen mehr wert wären. Menschen mit einer hohen Selbsteinschätzung fällt es schwer, das zu akzeptieren. Sie möchten auch innerhalb einer Organisation sofort als Gleiche unter Gleichen oder gar bevorzugt behandelt werden, weil sie sich selbst nun einmal als etwas Besonderes sehen.

Wie gesagt, ich nehme diese Einstellung oft bei jüngeren Klienten wahr, und damit stehe ich nicht allein. Studien des Marktforschungsunternehmens *Motivaction*[50] belegen, dass sich fast 70 Prozent der niederländischen Jugendlichen und jungen Erwachsenen zwischen 15 und 25 als eine „ganz ungewöhnliche" Person bezeichnen würden. Demzufolge scheinen die amerikanischen Tendenzen in Bezug auf Selbstvertrauen an unseren Schulen nicht spurlos vorbeigegangen zu sein. Diese Einstellung ist sicherlich nicht gemeint, wenn ich sage „Du bist etwas wert". Wer glaubt, etwas Besonderes zu sein, schätzt sich unweigerlich höher ein als andere und ist darauf aus, sich von seinen Mitmenschen abzuheben.

Eine solche Haltung kommt bei anderen oft nicht gut an. In der oben erwähnten Studie wird auch darauf hingewiesen, dass Vorgesetzte dieser Einstellung bei ihren jungen Mitarbeitern sehr kritisch gegenüberstehen. Denn die Praxis zeigt, dass die Leistungen dieser Generation gar nicht so beachtlich sind und die jungen Leute mit dieser Tatsache schlecht umgehen können. Die Arbeitgeber sind daher der Auffassung, dass viele ihrer jüngeren Mitarbeiter ein wenig realistisches Selbstbild haben.

Ich will mich hier übrigens absolut nicht zu denen gesellen, die der „Jugend von heute" grundsätzlich kritisch gegenüberstehen. Denn wir sollten nicht vergessen, dass sich auch die Einstellung der älteren Generation nicht gerade als vorteilhaft für ihr Selbstvertrauen erwiesen hat. Gleichwohl scheint vieles darauf hinzudeuten, als hätten wir heute nur das eine Übel gegen das andere ausgetauscht. So wie früher das Gewicht zu sehr auf den Kompetenzen lag, wird heute dem Selbstwert ein übertriebenes Interesse entgegengebracht. Beide Perspektiven sind nicht optimal und haben ihre Nachteile.

In der Studie von *Motivaction* kommen interessanterweise auch die Arbeitgeber zu Wort. Innerhalb eines Unternehmens werden Mitarbeiter nicht nach ihrem Selbstwert, sondern vor allem nach ihrem Können beurteilt. Tragen die eigenen Kompetenzen zum Gewinn des Unternehmens bei, ist man ein guter Mitarbeiter, tragen sie nicht dazu bei oder schmälern sie ihn gar, ist man ein schlechter Mitarbeiter. Das hat wenig mit dem Eigenwert des Mitarbeiters als Mensch zu tun. Menschen sind schließlich keine „Gewinnmaschinen".

Wenn Sie Glück haben, ist Ihrem Arbeitgeber bewusst, dass Sie ein Mensch sind und als solcher behandelt werden wollen. Er wird sich bemühen, Ihnen Fehler nicht persönlich anzukreiden. Aber er wird dennoch Maßnahmen ergreifen, um zukünftige Fehler zu vermeiden. Bernard Maarsingh von der arbeitspsychologischen Praxis Maarsingh und van Stein charakterisiert eine solche Vorgehensweise als „hart in der Sache, sanft zu den Menschen". Wenn Sie jedoch auf einen Arbeitgeber treffen, der seine Mitarbeiter nur als Mittel zur Gewinnmaximierung sieht, werden Sie sich immer wieder selbst vor Augen führen müssen, dass Ihr Beitrag zum Unternehmen nicht Ihren Wert als Mensch bestimmt. Wie human oder inhuman die Einstellung eines Arbeitgebers auch sein mag, dass er aus Mitmenschlichkeit über eine schwache Leistung hinwegsieht, darf man keinesfalls erwarten. Denn Unternehmen, die so handeln, würden bald bankrott gehen, und dann säßen alle Mitarbeiter auf der Straße. Von diesem Blickwinkel her ist es sowohl pragmatischer als auch gerechter, nur diejenigen zu entlassen, die am wenigsten leisten.

Der Gedanke, man sei etwas Besonderes und könne eine entsprechende Behandlung erwarten, ruft nicht nur am Arbeitsplatz, sondern auch im Privatleben eine Menge Probleme hervor. Arrogante, eingebildete Menschen sind keine angenehme Gesellschaft. Freundschaft beruht auf Gleichwertigkeit und Respekt. Immer zu denken, man sei besser oder mehr wert als der andere, wirkt sich auf eine Freudschaft zerstörerisch aus.

Ein zu großes Selbstwertgefühl bringt es zuweilen mit sich, dass man als arrogant angesehen wird. Außerdem kann es dazu führen, dass man zu wenig auf seine eigenen Leistungen achtet. Und daher hinter seinen eigenen Möglichkeiten zurückbleibt.

Minderleistung

Es kommt vor, dass Menschen sagen, sie müssten „nicht unbedingt etwas leisten". Nun ist es natürlich durchaus möglich, mit einem einfachen, bescheidenen Leben zufrieden zu sein. Und wie etwa der Minimalismus als Lebensform zeigt, scheint zurzeit sogar ein wahrer Kult um dieses Thema zu entstehen, und daran ist an sich nichts verkehrt. Eine Reihe von Studien zum Thema Glück belegen beispielsweise, dass mehr Geld und mehr Besitz Menschen, die bereits über ein erkleckliches Einkommen verfügen, nicht oder kaum glücklicher machen.[51] Aber wie gesagt, man muss dabei zwischen zwei Motivationen differenzieren und sich fragen, ob man etwas leistet, um sich mehr leisten zu können oder weil man es gerne tut.

BEISPIEL

Johan kommt zu mir, weil er sich antriebslos fühlt und, wie er sagt, nicht recht weiß, was ihm wichtig ist. Angesichts seiner Intelligenz und seiner Ausbildung hätte er längst einige Karriereschritte machen können. Er ist jedoch in seiner Abteilung hängen geblieben und hat dort einige Neuerungen eingeführt. Er ist der Auffassung, dass seine Arbeit in dieser Abteilung eigentlich dem Wert einer Arbeit in höherer Funktion entspricht. Und ich stimme dem zu. Auch ich finde, dass eine Reinigungskraft im Krankenhaus nicht weniger wert ist als ein Chirurg. Mein Punkt ist daher auch nicht, dass Johan aufsteigen sollte, weil er dann mehr wert wäre. Was ich bedaure, ist, dass er in seiner derzeitigen Funktion einen Teil seiner Fähigkeiten nicht nutzt. Ich denke, er wäre in einer höheren Funktion glücklicher, weil sie für ihn eine größere Herausforderung darstellen und er auf höchstem Niveau gefordert werden würde. Die Innovationen, die er in seiner Abteilung eingeführt hat, sind ein guter erster Ansatz, doch sie fordern ihn nicht genug, und diese Unterforderung wirkt sich langfristig negativ auf sein Wohlbefinden aus. Er langweilt sich zusehends, und das macht einen Menschen im Allgemeinen unglücklich. Seit einiger Zeit gibt es dafür sogar den Begriff „Bore-out".

Um seinen Status quo zu verteidigen, beruft sich Johan auf seinen Selbstwert. Er fühlt sich an seinem Arbeitsplatz zwar gelangweilt und unzufrieden, doch gleichzeitig ist er ihm auch sicher und vertraut. Eine neue Stelle könnte alle möglichen unabsehbaren Probleme mit sich bringen, und Johan ist nicht davon überzeugt, diesen Problemen gewachsen zu sein. Sein Können und seine Problemlösungskompetenzen schätzt er also als nicht besonders groß ein. Indem er seine Aufmerksamkeit stärker auf diesen Aspekt richtet und sich nach und nach an neue Herausforderungen gewöhnt, gewinnt er immer größere Zuversicht hinsichtlich seiner Kompetenzen. Nach einiger Zeit bewirbt er sich dann auch auf eine Stelle und bekommt sie sofort.

Die ersten Tage in seiner neuen Funktion gestalten sich für Johan schwierig. Er muss sich an die neuen höheren Anforderungen, die nun an ihn gestellt werden, erst gewöhnen. Alles ist sehr anspruchsvoll und er kann seine neue Herausforderung nicht sofort genießen. Doch als er nach einer gewissen Zeit seine neue Tätigkeit beherrscht, wächst offensichtlich auch sein Selbstvertrauen. Ein Jahr später erhalte ich von ihm eine E-Mail, in der er mitteilt, einen weiteren Karriereschritt innerhalb der Organisation gemacht zu haben.

In diesem Fall spielt auch mit hinein, dass Johan Karriere und Leistung suspekt sind. Er war so auf seinen Selbstwert konzentriert, dass ihm Dinge wie Ehrgeiz und Erfolg verdächtig vorkamen. Etwas Ähnlichem sind wir auch in der Hippiekultur der Sechzigerjahre begegnet. Auch dort galt der Wunsch nach Karriere als anrüchig. Ich kannte sogar einen Unidozenten, der nach seinem Studium nicht promovierte, weil das damals als Angeberei betrachtet wurde. Das ist eigentlich die Umkehrung dessen, was wir im letzten Kapitel gesehen haben. Dort versuchten Menschen enorm viel zu leisten, um ihren Selbstwert zu erhöhen. Hier schien eine gute Leistung dem Selbstwert gerade im Wege zu stehen. Beide Interpretationen sind dem eigenen Wohlergehen und der eigenen Entwicklung nicht förderlich.

Suchen Sie Herausforderungen

In den Kapiteln über Kompetenz habe ich schon einige Übungen zur Erweiterung Ihrer Kompetenzen vorgestellt. Wenn Sie hinter Ihren Möglichkeiten zurückbleiben oder manchmal den Eindruck haben, Ihr Selbstwertgefühl sei zu stark ausgeprägt, können Sie diesem Zustand durch eine spezielle Übung entgegenwirken: Suchen Sie nach Herausforderungen.

Nichts ist für das Ego erfrischender als der Versuch, etwas zu tun, von dem Sie keinen blassen Schimmer haben. Eine naheliegende Möglichkeit ist Sport. Wie athletisch Sie auch sein mögen, wenn Sie als Läufer zu Badminton wechseln, werden Sie zunächst einmal akzeptieren müssen, dass jeder einigermaßen geübte Badmintonspieler gegen Sie gewinnt.

Jeder sportliche Größenwahn wird dabei innerhalb der ersten Stunden zunichte gemacht. Das tut Menschen gut, deren Selbstwertgefühl etwas zu ausgeprägt ist. Es wirkt vielleicht wie eine idiotische Idee, sich selbst auf diese Weise zu peinigen. Doch für Menschen mit einem starken Selbstwertgefühl ist es eine heilsame Medizin. Vielleicht kennen Sie die Formulierung „Er erhält eine Lektion in Demut“, die wir oft sarkastisch verwenden, um darauf hinzuweisen, dass jemand in Bausch und Bogen versagt hat. In einem solchen Fall passt sie jedoch genau. Man lernt durch diese Erfahrung, wieder demütiger zu werden.

Sport hilft auch Menschen, die hinter ihren Möglichkeiten zurückbleiben. Das Schöne am Sport ist nämlich, dass man schnell erkennt, dass man sich verbessern kann, wenn man sich bemüht. Menschen, die zu wenig leisten, sind oft nicht wirklich von der Möglichkeit überzeugt, ihre Kompetenzen ausbauen zu können. Bei sportlichen Aktivitäten lässt sich jedoch sehr gut sehen, dass man immer besser werden kann, wenn man sich angestrengt.

Die Herausforderung muss allerdings nicht unbedingt sportlicher Natur sein. Wenn Sie es schwierig finden, öffentlich zu reden, können Sie einem Toastmasters-Club beitreten. Und wenn Sie anspruchsvollere Literatur fürchten, sollten Sie sich mal ein Buch von Proust, Joyce oder Nabokov vornehmen. Selbstverständlich können Sie auch Herausforderungen in Ihrer Arbeit suchen, wenn eine neue Aufgabe Sie dazu zwingt, etwas zu lernen. Bei all diesen Herausforderungen ist es nicht unbedingt notwendig, sehr lange durchzuhalten. Es ist allerdings unerlässlich, zwei Stadien zu durchlaufen. Zunächst geht es darum, sich selbst mit Dingen zu konfrontieren, die man überhaupt nicht beherrscht. Und dann sollte man zumindest so lange dabei bleiben, bis man sich darin (etwas) verbessert hat. Denn eine solche Erfahrung vermittelt einem einen guten Eindruck von seinem Können und stärkt die eigenen Kompetenzen, sodass man dem optimalen Selbstvertrauen wieder einen Schritt näher gekommen.

12. Sich neuen Situationen stellen

In den vorangegangenen Kapiteln des Buches habe ich erläutert, wie Sie sich durch ein gewandeltes Denken und Handeln verändern können. Es gibt allerdings noch eine dritte Möglichkeit, an Ihrem Selbstvertrauen zu arbeiten: die Möglichkeit, sich neuen Situationen zu stellen.

BEISPIEL

Im Rahmen meines Studienabschlusses machte ich ein Praktikum in einer psychologischen Praxis in Friesland. Als Praktikant begleitet man in den ersten Wochen vor allem andere Psychologen. In einem der Gespräche, bei denen ich dabeisaß, sprach der Psychologe mit einer Frau, die das Gefühl hatte, kurz vorm Burn-out zu stehen. Sie arbeitete in der Verwaltung eines großen Unternehmens und erzählte die schrecklichsten Geschichten über ihre Arbeit. In ihrem Team gönnte einer dem anderen nicht das Geringste, es herrschte kaum Kollegialität, und die Atmosphäre war durch ständiges Klagen und harte gegenseitige Kritik vergiftet. Und als wäre das nicht genug, war auch das Verhältnis zum Management ausgesprochen schlecht. Die Führungsspitze war fortwährend darum bemüht, die Produktion zu steigern. Der Versuch, mit immer geringeren Kosten immer mehr zu produzieren, sorgte für eine immer höhere Arbeitsbelastung. Diese organisatorische Schlangengrube, in die sie hineingeraten war, hatte ihr jede Freude an ihrer Arbeit genommen.

Nachdem die Klientin ihre Geschichte erzählt hatte, kam das Gespräch kurz zum Erliegen. Der Psychologe machte sich noch einige letzte Notizen. In diesem Moment der Stille ging mir alles Mögliche durch den Kopf. Welchen Rat würde ich ihr geben, wenn ich hier etwas zu sagen hätte? Sollte sie an ihrem Durchsetzungsvermögen arbeiten? Oder an ihrer Belastbarkeit? Bevor ich mich für eine überzeugende Lösung entschieden hatte, sagte der Psychologe: „Haben Sie schon einmal daran gedacht, sich eine andere Stelle zu suchen?“

Diese Frage erscheint mir heute, da ich sie aufschreibe, vollkommen logisch. Die Situation, die sie schilderte, war so grässlich, dass es nicht mehr als klug erschien, ihr aus dem Weg zu gehen. Trotzdem hatte ich diese Möglichkeit überhaupt nicht in Betracht gezogen. Im Psychologiestudium lernt man, Menschen im Umgang mit problematischen Situationen beizustehen. Die Hilfe zielt darauf ab, sich in Situationen, die Probleme verursachen, effektiver zu verhalten. Dass man solchen Situationen auch einfach ausweichen kann, wurde kaum thematisiert. Obwohl das oftmals angebracht sein kann, um ein Problem mit einem Schlag zu lösen. Mit Selbstvertrauen verhält es sich genauso. Bisher habe ich dargestellt, wie man sein Handeln und seine

Interpretation ändern kann. Im ersten Fall arbeitet man am B des ABC-Schemas, im zweiten Fall am C. Es ist aber natürlich auch möglich, am A zu arbeiten und bewusst nach neuen Situationen Ausschau zu halten, die das Selbstvertrauen stärken. Oder umgekehrt Situationen, die das Selbstvertrauen schwächen, bewusst aus dem Weg zu gehen.

In diesem Kapitel gehe ich auf vier Quellen für Selbstvertrauen ein.[52] Diese Quellen sind Situationen, die uns Gelegenheit bieten, unser Selbstvertrauen zu stärken. Ich bespreche zwei Quellen der Kompetenz und zwei Quellen des Selbstwerts. Sie können aus diesen Quellen Selbstvertrauen gleichsam wie aus Wasserhähnen in einen Eimer laufen lassen. Je mehr Hähne Sie nutzen und je weiter Sie diese aufdrehen, desto schneller wird sich der Eimer füllen. Sie müssen nicht alle Hähne aufdrehen, aber es ist wichtig, sowohl eine Quelle der Kompetenz als auch eine des Selbstwerts anzuzapfen. Auf diese Weise haben Sie die richtige Mischung in Ihrem Eimer.

Die vier Quellen

Kompetenz	Selbstwert
etwas leisten	so akzeptiert werden, wie man ist
Einfluss ausüben	entsprechend seiner Werte handeln

Etwas leisten

Leistung ist eine wichtige Quelle zur Stärkung der Kompetenz. Sie haben inzwischen gelernt, dass Sie etwas aus guten und schlechten Motivationen heraus leisten können. Wenn Sie etwas leisten, um Ihren Selbstwert zu stärken, kann das Ihrem Selbstvertrauen sogar schaden. Wenn Sie es dagegen tun, weil Ihnen die Tätigkeit zusagt und Sie sie interessant und spannend finden, wirkt sich das nicht nur *nicht* negativ aus, sondern gibt Ihrem Selbstwertgefühl und Ihrem Glück sogar noch einen gewaltigen Schub.

Es gibt eine ganze Reihe von Situationen, die es Ihnen ermöglichen, etwas zu leisten. Zunächst einmal Ihre Arbeit. Das ist natürlich vor allem anderen ein Umfeld, das auf Leistungsmaximierung abzielt. Ihre Arbeit routinemäßig anzugehen und darin keine Herausforderung mehr zu sehen kann sich negativ auf Ihr Selbstvertrauen auswirken. Bei Menschen, die sich zu lange keiner Herausforderung mehr gestellt haben, lässt sich oft ein nachlassendes Vertrauen in ihre Fähigkeiten, mit neuen Situationen umzugehen, beobachten. Im Sport spricht man in Bezug auf Kondition oder Muskelkraft auch von: *use it or lose it*. Das Gleiche gilt auch für andere Kompetenzen. Wenn Sie sie nicht nutzen, werden sie sich verringern.

Sport stellt ein weiteres Feld dar, in dem Sie etwas leisten und Ihre Kompetenzen verbessern können. Nicht umsonst wird in der modernen Psychologie immer mehr mit Lauftherapien gearbeitet.[53] In dieser Form der Therapie erhalten depressive Patienten ein Lauftraining. Die Wirksamkeit dieser Therapie wird meistens mit körperlichen Effekten begründet. Oft wird der entscheidende Grund darin gesehen, dass beim Sport im Gehirn Endorphin ausgeschüttet wird: eine körpereigene Substanz, die Glücksgefühle auslöst. Dafür gibt es jedoch kaum Beweise.

Läufer, bei denen die Aufnahmefähigkeit von Endorphin medikamentös verhindert wurde, fühlten sich nämlich nach dem Training ebenfalls besser.[54] Der positive Effekt des Laufens scheint eher mit dem zunehmenden Vertrauen in die eigenen Fähigkeiten in Zusammenhang zu stehen.[55] Beim ersten Training halten die Patienten gewöhnlich nur ein paar Minuten durch. Doch nach einiger Zeit merken sie, dass sie schon etwas länger laufen können. Die Praxis zeigt ihnen deutlich, dass Übung und Einsatz ihre Kompetenz verbessern.

Es lassen sich natürlich auch zahlreiche andere Situationen denken, in denen man etwas leisten kann. So bietet zum Beispiel ehrenamtliche Arbeit eine gute Gelegenheit, sich für etwas einzusetzen, das nichts mit dem Beruf zu tun hat. Ebenso Hobbys. Dass man genug Gelegenheit hat, seine Kompetenzen zu entwickeln, bedeutet jedoch noch nicht, dass man diese Gelegenheiten auch wirklich wahrnimmt. Viele Menschen haben einen Arbeitsplatz, bei dem sie auf Autopilot fahren können, und zu Hause tun sie nichts, außer sich etwa beim Fernsehen zu entspannen.

Wer sich sein Leben so einrichtet, nutzt kaum Gelegenheiten, um seine Kompetenzen auszubauen. Das ist nicht unbedingt verkehrt, aber es kann doch dazu führen, dass das eigene Selbstvertrauen und die eigenen Kompetenzen unterentwickelt bleiben.

Einfluss ausüben

In meinen Trainings ist mir aufgefallen, dass „Einfluss ausüben“ für viele Menschen einen etwas negativen Beiklang hat. Denn sie finden es falsch, anderen Menschen ihre Überzeugung „aufzudrängen“. Ich erwarte von Ihnen allerdings auch nicht, dass Sie mit Ihren Ideen von Tür zu Tür gehen, um andere davon zu überzeugen. Mir genügt, wenn Sie lernen, dass Einflussnahme eine natürliche Konsequenz Ihrer eigenen Leistung ist. Denn vieles kann man nun einmal nicht alleine leisten. So wird es, wenn Sie Ihr Wirkungsfeld erweitern, oft notwendig, sich der Hilfe anderer zu versichern. Außerdem sollten Sie sich dessen bewusst sein, dass andere ebenfalls ständig versuchen, Sie zu beeinflussen. Es ist wichtig, damit umgehen zu lernen und zu wissen, wie man seine eigenen Interessen wahrt.

Eine Situation, die sich ausgezeichnet dazu eignet, Einfluss auszuüben, ist das Vereinsleben. Ob es sich nun um einen Karnevalsverein oder einen Fahrradclub handelt, alle Vereine verdanken ihr Bestehen in erster Linie ihren aktiven Mitgliedern. Wenn man sich in den Vorstand eines solchen Vereins wählen lässt, wird man schon bald erkennen, dass eine wesentliche Aufgabe eines Vereinsvorstands darin besteht, Freiwillige für alle möglichen Aktivitäten zu gewinnen. Ein blühendes Vereinsleben ist nämlich ein Ziel, das man nicht alleine erreichen kann. Es ist wichtig, andere für dieses Ziel zu begeistern.

Auch bei Ihrer Arbeit können Sie aus dieser Quelle schöpfen. Wenn Sie eine Führungsposition bekleiden, versteht sich das von selbst, denn dann sind Sie ständig damit befasst, Mitarbeiter zu motivieren und zu führen. Sie können das tun, indem Sie Ihre „formelle" Macht nutzen und ihnen zum Beispiel drohen, sie zu entlassen, wenn sie nicht tun, was Sie verlangen. Doch das ist weder besonders befriedigend noch effektiv. Besser ist es, gemeinsam Ziele zu entwickeln und individuell zu überlegen, was einen jeden Mitarbeiter motivieren könnte. Das ist Erfolg versprechender und wird Ihr Gefühl, kompetent zu sein, stärken. Denn schließlich wird damit der erzielte Fortschritt auf Ihr Engagement zurückzuführen sein und nicht nur auf die Ausübung Ihrer Funktion.

Im Übrigen ist es auch durchaus möglich, Einfluss auszuüben, ohne eine Führungsposition zu bekleiden. Denken Sie nur an Ihren Einfluss auf Kollegen. Sie könnten zum Beispiel versuchen, bestimmten negativen Aspekten im Team, wie dem Lästern über andere oder dem Jammern über die Chefs, entgegenzuwirken. Und vielleicht gelingt es Ihnen sogar, Entscheidungen des Managements zu beeinflussen. Viele Menschen betrachten die Mitarbeiter auf der Leitungsebene als eine Art Diktatoren, die kein Ohr für die Menschen haben, die sie führen. Und manchmal ist das wohl auch so. Doch in den meisten Fällen sind Manager auch „ganz gewöhnliche Menschen" mit ihren eigenen Interessen und Sorgen. Und wenn Sie sich darauf einstellen können, werden sie Ihnen sicherlich zuhören. Der richtige Weg, bei ihnen Gehör zu finden, erfordert jedoch ein gewisses Geschick. Gelingt es Ihnen, dieses Geschick zu entwickeln, stärkt das sicherlich Ihr Vertrauen in Ihre Kompetenz.

Einfluss können Sie auch in zahlreichen anderen Lebensbereichen ausüben. Beim Kauf eines neuen Sofas können Sie zum Beispiel an Ihrem Verhandlungsgeschick arbeiten. Und im Verhältnis zu Freunden, Nachbarn und anderen Bekannten können Sie an Ihrem Durchsetzungsvermögen arbeiten. Es ist jedoch nicht Sinn der Sache, dass Sie zum Intriganten werden, der unentwegt auf seinen persönlichen Vorteil aus ist. Hingegen ist es mehr als logisch, dass Sie Ihre eigenen Interessen vertreten und anderen deutlich machen, dass sie mit Ihnen zu rechnen haben. Das schließt nicht aus, dass Sie ab und an auch nachgeben, doch um Ihr Vertrauen in Ihre Kompetenz zu stärken, ist es wichtig, sich behaupten zu lernen.

So akzeptiert werden, wie man ist

Das ist die erste bedeutende Quelle des Selbstwerts. Eine Quelle, die sich nicht so einfach genauer beschreiben lässt. Doch in der Praxis zeigt sich, dass eigentlich jeder intuitiv weiß, was darunter zu verstehen ist. Wir alle wollen von anderen so gesehen werden, wie wir sind. Was „wie wir sind" bedeutet, kann ich auch nicht so genau sagen. Darüber sind schon zahlreiche Bücher geschrieben worden, und es sieht nicht so aus, als wären sich die Experten darüber einig geworden. Unsere Persönlichkeit wird von vielen Faktoren geprägt. Von unserer Erziehung, der Kultur, in der wir aufwachen, unserer persönlichen Erfahrung und unserer Ausbildung, um nur einige zu nennen. Einerseits formen all diese Aspekte unsere Persönlichkeit, bis sie schließlich weitgehend feststeht, anderseits ist es uns offenbar bis ins hohe Alter noch möglich, uns zu verändern. Wo genau finden wir nun unser „wahres" Ich?

In der Praxis zeigt sich, dass unser wahres Ich sich weitgehend in Beziehungen formt. Wobei es innerhalb von Beziehungen immer ein Spiel von Geben und Nehmen gibt. Sowohl in freundschaftlichen als auch in romantischen Beziehungen akzeptieren und schätzen wir den anderen so, wie er ist. Wir sind uns darüber im Klaren, dass er bestimmte Qualitäten und Schwächen hat, und versuchen aus ihm nicht einen anderen Menschen zu machen. Andererseits erwarten wir in Beziehungen auch gegenseitigen Respekt, und das bedeutet, dass sich in einer Beziehung jeder manchmal dem anderen anpassen muss. Obwohl unsere Identität im Großen und Ganzen festgelegt ist, lässt sich doch noch das ein oder andere verändern. Wenn ich über „so akzeptiert werden, wie man ist" spreche, geht es mir also darum, dass andere uns in den charakteristischen Zügen unserer Persönlichkeit, und zwar sowohl in unseren Stärken als auch in unseren Schwächen, akzeptieren.

Zusammenhänge zu nennen, in denen wir so akzeptiert werden, wie wir sind, ist einfach. Es sind Liebesbeziehungen, Freundschaften, Bekanntschaften und Beziehungen innerhalb der Familie. In der Arbeitswelt hingegen kann man solche Beweise der Wertschätzung meist nicht ohne Weiteres erwarten. Auch wenn man einen Vorgesetzten hat, der einen als Person akzeptiert, und zu einigen Kollegen im Laufe der Jahre eine persönliche Beziehung aufbaut, spielt Leistung im Hintergrund doch immer eine wesentliche Rolle. Wenn man seine Arbeit nicht bewältigt oder nicht sorgfältig ist, bringt man Kollegen und Vorgesetzte in Schwierigkeiten. Selbst wenn sie uns als Person sehr schätzen, werden sie gezwungen sein, uns nach unseren Leistungen zu bewerten. Romantische Beziehungen und Freundschaften eignen sich daher eher dazu, über Themen wie eigene Ängste, tiefer gehende Gefühle oder Zweifel zu sprechen. In gewissem Maße darf man sich in diesen Beziehungen auch mal schwach, faul oder verzweifelt zeigen, wenn man dies auch dem anderen zugesteht.

Neue Bezüge zu schaffen, in denen man so geschätzt wird, wie man ist, kostet viel Zeit und Mühe. Bevor man jemanden einen guten Freund bzw. eine gute Freundin nennt, können einige Jahre ins Land gehen. Natürlich ist es möglich, neue Beziehungen aufzubauen, aber es ist auch mühevoll. Mehr Zeit in Freunde und Bekannte zu investieren, die man schon hat, ist viel einfacher. Wir haben alle Menschen, die uns mögen, doch oft betrachten wir diese Beziehungen als zu selbstverständlich, obwohl sie unser Selbstwertgefühl stark beeinflussen. Wenn man nach einem schweren Arbeitstag nach Hause kommt, ist es gut, seine Sorgen mit einem Partner zu besprechen und zu spüren, dass man auch gemocht wird, wenn man Fehler oder sonst irgendetwas Dummes gemacht hat. Viel Zeit mit dem Partner, der Familie und alten Freunden zu verbringen sorgt für eine starke Basis. Gerade in der Beziehung zu Menschen, die uns nahestehen, werden wir uns bewusst, dass wir nicht unserer Leistungen wegen, sondern vielmehr unserer Menschlichkeit und unserer Identität wegen geschätzt werden. Darum tragen diese Beziehungen zu dem Gefühl bei, unabhängig von unseren etwaigen Erfolgen etwas wert zu sein.

Entsprechend seinen Werten handeln

Dieser Aspekt des Selbstwerts kam bereits bei der Definition von Selbstwert in Kapitel 2 eingehend zur Sprache. In diesem Kapitel geht es nun speziell darum, sich in Situationen zu begeben, in denen wir unseren Werten entsprechend handeln können. Eigentlich steuern unsere Werte immer unser Verhalten. Auf dem Weg zur Arbeit werden Sie wahrscheinlich nicht oft an Ihre Werte denken. Dennoch spiegelt Ihr Verhalten im Verkehr auch Ihre Werte wider. Wenn Sie nicht zu schnell fahren, keine verrückten Eskapaden machen und auf die anderen Verkehrsteilnehmer Rücksicht nehmen, beweisen Sie anderen gegenüber Respekt. Wahrscheinlich tun Sie das nicht bewusst, trotzdem wird dadurch deutlich, wofür sie stehen.

Es gibt allerdings auch Situationen, in denen wir uns unserer Werte durchaus bewusst sind. Wir kennen solche Situationen alle. Angenommen, Sie finden auf der Straße ein Portemonnaie. Machen Sie sich die Mühe, es zur Polizei zu bringen, oder nehmen Sie sich das Geld? Oder wenn Sie für ein Unternehmen arbeiten würden, das seinen Kunden Knebelverträge aufdrängt. Könnten Sie damit leben oder nicht? In solchen Situationen müssen wir aufgrund unserer Normen und Werte urteilen.

In diesem Buch geht es in Bezug auf Werte nicht nur um Gut und Böse.[56] Wenn ich hier über Werte spreche, meine ich vor allem Präferenzen. Ich halte die Psychologie für ein wunderbares Fach, doch ich würde nicht jeden dazu verpflichten wollen, sich damit zu beschäftigen. Es geht nicht darum, dass ich die Psychologie besser finde als andere Berufe oder Beschäftigungen. Es geht nur darum, dass *ich* die Psychologie mehr mag, weil sie besser zu *mir* passt.

Eine Teilnehmerin an einem meiner Selbstvertrauenstrainings arbeitete als Managerin in einer Pflegeeinrichtung. Sie war durchaus der Meinung, eine wichtige Arbeit zu verrichten. Doch wenn sie ehrlich zu sich war, hatte sie wenig Freude daran. Sie hätte lieber wieder wie früher praktisch in der Pflege gearbeitet. Denn sie vermisste den menschlichen Kontakt und die körperliche Anstrengung. In solchen Fällen ist es schwer, sich zu entscheiden, was man wirklich wichtiger findet. Der soziale Druck, Karriere zu machen und aufzusteigen, ist groß. Es erfordert Mut, einen Schritt zurückzugehen und zu sich zu sagen, der Inhalt meiner Tätigkeit ist mir wichtiger als der damit verbundene Status. Wenn man Wert darauf legt, viel Freizeit zu haben, sollte man besser etwas weniger arbeiten. Wenn man Erfolg dagegen wichtiger findet, muss man natürlich härter arbeiten. Darüber zu diskutieren, was moralisch wertvoller ist, ist sinnlos, denn in den meisten Fällen ist es unmöglich, diese Frage zu beantworten. Wenn sich jemand dazu entschließt, Bankräuber zu werden, kann man mit Bestimmtheit sagen, dass er einen unmoralischen „Beruf" ergreift. Doch ob Rechnungsprüfer moralisch gesehen ein besserer Beruf als Bürgermeister ist oder Bauarbeiter ein besserer Beruf als Klempner, lässt sich kaum entscheiden. Was sich allerdings feststellen lässt, ist die Tatsache, dass man an Selbstvertrauen gewinnt, wenn man den Mut hat zu entscheiden, was für einen selbst wichtig ist. Und das wird man in jeder Situation wieder neu entscheiden müssen.

Situationen, in denen Sie die Möglichkeit haben, entsprechend Ihren Werten zu handeln, gibt es zuhauf. Am Arbeitsplatz, in Beziehungen, im Kontakt zu Fremden. Fast jeder Handlung liegt eine gewisse Präferenz zugrunde. Sie können allerdings auch aktiv nach Möglichkeiten suchen, Ihre eigenen Werte umzusetzen. Finden Sie es wichtig, für andere zu sorgen, können Sie zum Beispiel ehrenamtliche Arbeit in einem Pflegeheim leisten. Legen Sie Wert darauf, erfolgreich zu sein, können Sie Möglichkeiten suchen, Ihre Leistung zu verbessern. Je stärker Ihre alltäglichen Aktivitäten mit Ihren Präferenzen übereinstimmen, desto größer wird Ihr Selbstvertrauen werden.

Nun, da Sie die vier Quellen des Selbstvertrauens kennengelernt haben, will ich noch etwas genauer auf die Art und Weise eingehen, wie Sie diese Quellen nutzen können. Der erste Schritt besteht darin zu erkennen, welche Quellen Sie bereits nutzen. Das gibt Ihnen einen guten Eindruck davon, wie es momentan um Sie bestellt ist. Schöpfen Sie aus allen Quellen? Oder fließt Ihr Selbstvertrauen nur aus einer Quelle? Gehen Sie einmal die Situationen durch, mit denen Sie täglich zu tun haben, und fragen Sie sich, ob diese Situationen Quellen Ihres Selbstvertrauens sein könnten. Aufgrund dieser Analyse können Sie entscheiden, worauf Sie Ihr Augenmerk stärker richten sollten. Wenn Sie noch keine der Quellen wirklich nutzen, haben Sie noch viele Möglichkeiten. Sie können selbst entscheiden, wo Sie anfangen möchten. Es kann auch sein, dass Sie die verschiedenen Quellen derzeit nicht gleichmäßig nutzen. Dass Sie also mehr Aufmerksamkeit auf Ihre Kompetenzen legen, oder umgekehrt auf Ihren Selbstwert. In diesem Fall gilt es, den Quellen, aus denen sie bisher kaum geschöpft haben, mehr Aufmerksamkeit zu schenken.

Alle Quellen des Selbstvertrauens zu nutzen ist nicht notwendig. Wenn Sie zum Beispiel als Texter zu Hause arbeiten, kann es schwierig sein, Situationen zu finden, in denen Sie Einfluss auf andere ausüben können. In diesem Fall ist es kein Problem, Ihre Kompetenz vor allem auf Ihre Leistung zu stützen.

Zusammenfassung

In den drei Kapiteln, in denen es darum geht, „anders zu denken“, „anders zu handeln“ und „sich anderen Situationen zu stellen“, habe ich unterschiedliche Möglichkeiten aufgezeigt, wie Sie an Ihrem Selbstvertrauen arbeiten können. Als Ausgangspunkt habe ich immer das ABC-Schema gewählt. In jedem dieser Kapitel hab ich einen anderen Weg vorgeschlagen, auf dem Sie in das ABC-Schema einsteigen können (vgl. Abb. 12.1).

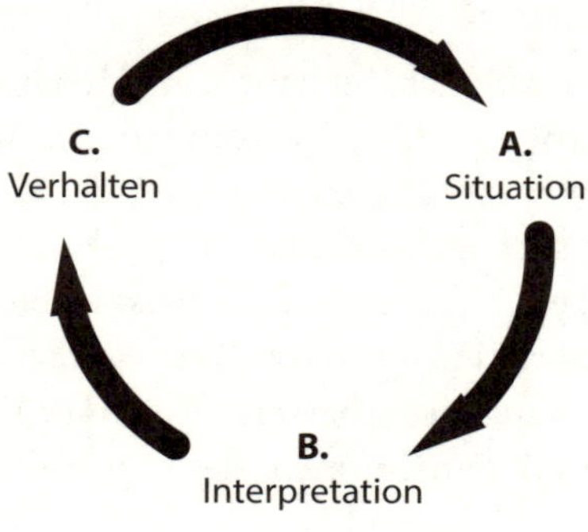

Abbildung 12.1

In Abbildung 12.1 ist deutlich zu sehen, dass Situation, Interpretation und Verhalten zueinander in Beziehung stehen. Daher auch unterschiedliche Möglichkeiten, leidige Überzeugungen oder nachteilige Verhaltensweisen anzugehen. Die Wahl liegt letztlich bei Ihnen.

Im folgenden Kapitel schließe ich diesen Teil des Buches mit dem Selbstvertrauenszyklus ab. Darin fasse ich alle Schritte, die ich bisher besprochen habe, in einem Aktionsplan zusammen, mit dem Sie sich sofort an die Arbeit machen können.

13. Der Selbstvertrauenszyklus

Ich möchte diesen Teil mit einem *call to action* beenden. Dieser Begriff aus dem Marketing steht für eine Art Aufruf, wie man ihn oft unter Anzeigen findet: „Also, warten Sie nicht länger, sondern reservieren Sie *jetzt* Ihre Karten!" Dieser letzte Satz dient dazu, den Kunden, den die Anzeige womöglich überzeugt hat, tatsächlich dazu zu animieren, das Produkt zu kaufen. Zu etwas Ähnlichem will ich Sie auch bewegen. Ein Buch über Selbstvertrauen zu lesen ist gut und schön, die eigentliche Veränderung ergibt sich aber vor allem daraus, dass man *handelt*. In den vorangegangenen Kapiteln habe ich erklärt, wie Selbstvertrauen entsteht und wie man in der Praxis daran arbeiten kann. Dabei kam so viel Verschiedenes zur Sprache, dass Sie sich nun fragen mögen: Wo soll ich eigentlich anfangen? In diesem Kapitel stelle ich Ihnen eine klare Strategie vor, mit deren Hilfe Sie die Übungen für sich nutzen können.

Wenn Sie sich dazu aufgefordert sähen, ein Haus zu bauen, hätten Sie sicherlich eine gewisse Vorstellung davon, welche Schritte Sie unternehmen müssten, um dieses Ziel zu erreichen. Zunächst müsste ein Fundament gegossen, dann müssten die Mauern hochgezogen werden und schließlich würden Sie das Dach daraufsetzen. Die Stärkung des Selbstvertrauens verläuft weniger gradlinig. Das hat verschiedene Gründe. Zunächst einmal gleicht die Arbeit am Selbstvertrauen eher einer Renovierung als einem Neubau. Erstens gibt es keinen Menschen, der überhaupt kein Selbstvertrauen hat, und zweitens ist es nicht möglich, das alte Selbstvertrauen erst einzureißen, um bei null neu zu beginnen. Das Einzige, was hier möglich ist, besteht darin, an dem schon Vorhandenen Verbesserungen anzubringen. Außerdem hat man bei der Stärkung des Selbstvertrauens ein weniger klares Ziel. Die Entwicklung der Persönlichkeit ist im Allgemeinen nie zu Ende. Manchmal hat man den Eindruck, das eigene Selbstvertrauen sei ziemlich groß, um dann in anderen Situationen feststellen zu müssen, dass es durchaus noch verbesserungswürdig ist. An einem Haus lässt sich deutlich erkennen, wann der Bau fertig ist, beim Selbstvertrauen ist das nicht so einfach.

Andererseits gibt es jedoch auch Ähnlichkeiten zwischen einem Haus und dem Selbstvertrauen. Ein Haus muss zum Beispiel gepflegt werden. Selbst ein Neubau hält nur wenige Jahre, wenn man sich nicht darum kümmert. Dasselbe gilt für unser Selbstvertrauen. Wenn man sich ihm nicht widmet, kann es schwächer werden. Außerdem wird kein Haus aus einem Stück gebaut. Häuser bestehen aus verschiedenen Elementen, die gut zusammenpassen müssen. Das Fundament muss stark genug für die Mauern sein, und die Mauern müssen das Dach tragen können. Auch das Selbstvertrauen ist nicht aus einem Guss. Wie Sie inzwischen wissen, wird es von unserer

Kompetenz und unserm Selbstwert getragen. Und diese beiden Aspekte bestehen ihrerseits wiederum aus Teilaspekten. Selbstvertrauen hat, was das angeht, viel Ähnlichkeit mit einem Puzzle, das Stück für Stück zusammengefügt wird.

Alles bisher Gesagte wirkt sich auf die Gestaltung des Selbstvertrauenszyklus aus. Hier ist der Prozess schematisch wiedergegeben;

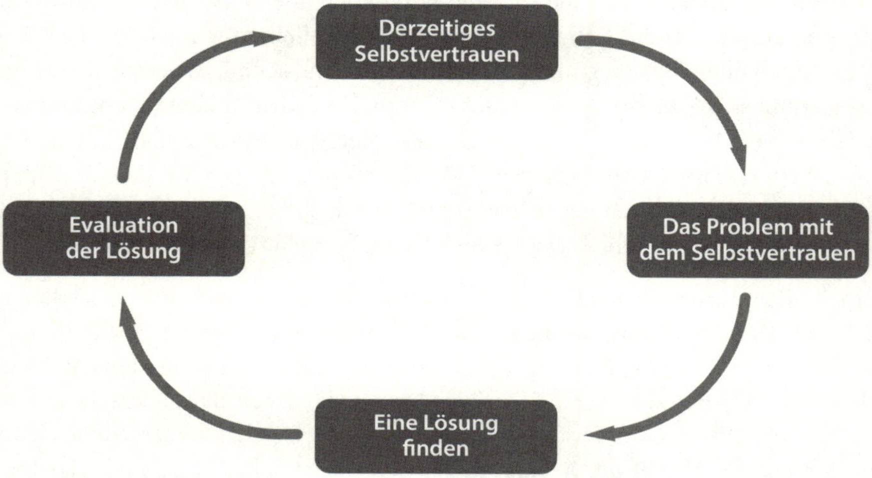

Abbildung 13.1: Der Selbstvertrauenszyklus

Das Selbstvertrauensprojekt besteht darin, den ganzen Zirkel einmal zu durchlaufen. Kommt man wieder bei dem derzeitigen Selbstvertrauen an, kann man von dort aus das Projekt erneut starten, daher der Name Selbstvertrauens*zyklus*. Im Folgenden werde ich die einzelnen Schritte des Selbstvertrauensprojekts erläutern.

Derzeitiges Selbstvertrauen

Zunächst geht es darum zu bestimmen, auf welchem Stand sich Ihr Selbstvertrauen heute befindet. Bevor Sie Ihr Selbstvertrauen stärken, ist es wichtig festzustellen, wie es zurzeit darum bestellt ist. Das kann manchmal eine recht konfrontierende Erkenntnis sein. Wenn das bei Ihnen der Fall sein sollte, machen Sie sich bewusst, dass Selbstvertrauen keine unveränderliche Eigenschaft ist. Ebenso wie Sie sich gewisse Fertigkeiten aneignen können, können Sie auch Selbstvertrauen entwickeln. Unter ↗ http://www.ivpp.nl/selbstvertrauenstest/ finden Sie eine Liste mit Fragen, mit der Sie Ihr momentanes Selbstvertrauen testen können. Wenn Sie diese Fragen beantworten, wissen Sie, ob Ihr Selbstvertrauen groß, überdurchschnittlich groß, überdurchschnittlich gering oder gering ist.

Eine andere Möglichkeit, Ihr Selbstvertrauen zu testen, besteht darin, ein Selbstvertrauenstagebuch zu führen. In ihm können Sie beschreiben, welche Erfahrungen Sie in Bezug auf Ihr Selbstvertrauen machen. Auf diese Weise können Sie schon nach ein oder zwei Wochen erkennen, wie es momentan um Ihr Selbstvertrauen steht. Wenn Sie bei jedem Selbstvertrauensprojekt eine Woche Tagebuch führen, können Sie nach Ablauf der einzelnen Aktionspläne sehen, wie sich Ihr Gefühl und Ihr Verhalten allmählich verändern.

Im Übrigen ist es wichtig, sich bewusst zu machen, dass Sie sich jederzeit auch spontan entscheiden können, nicht weiter an Ihrem Selbstvertrauen zu arbeiten. Wenn Ihnen klar wird, dass Sie mit Ihrem derzeitigen Selbstvertrauen zufrieden sind, sollten Sie die Zeit besser dazu nutzen, andere Ziele und Träume zu verwirklichen.

Timothy Ferriss, ein bekannter Autor von Selbsthilferatgebern, warnt vor dem Wort „optimal" in Ratgebern und Reklamespots.[57] Das Wort wird oft gebraucht, damit die Leser mit ihrer derzeitigen Situation unzufrieden werden. Nehmen Sie nur zum Beispiel die Aussage: „Vielleicht ist Ihr Selbstvertrauen ja normal, aber bestimmt nicht optimal." Die Aussage kann dazu verführen, das Selbstvertrauen selbst als ein Ziel anzusehen. Obwohl auch ich den Begriff optimales Selbstvertrauen verwende, hoffe ich, dass Sie die Arbeit an Ihrem Selbstvertrauen nicht als Ziel an sich betrachten. Selbstvertrauen ist ein Mittel, um ein Ziel zu erreichen. Wir brauchen es, um uns wohlzufühlen und aus unserem Leben etwas Sinnvolles zu machen. Wenn Sie dazu in der Lage sind, ist Ihr Selbstvertrauen groß genug.

Das Problem mit dem Selbstvertrauen

Das ist der Schritt, in dem Sie entscheiden, was genau mit Ihrem Selbstvertrauen nicht stimmt. Um noch einmal auf den Vergleich mit dem Haus zurückzugreifen: Wenn der Balkon einzustürzen droht, sollten Sie am besten dort mit der Renovierung beginnen.

Im vorigen Schritt haben Sie sich Ihr derzeitiges Selbstvertrauen vor Augen geführt. Dabei haben Sie wahrscheinlich auch festgestellt, ob es mit Ihrem Selbstvertrauen ein Problem gibt. Und wenn das der Fall ist, wissen Sie oft auch schon, woran es fehlt. Wenn Sie sich Ihr Selbstvertrauenstagebuch und das Ergebnis des Selbstvertrauenstests ansehen, können Sie Ihre Schwachstellen wahrscheinlich sehr genau identifizieren. Außerdem kann es hilfreich sein, sich die Quellen des Selbstvertrauens näher anzuschauen. Aus welchen Quellen schöpfen Sie und welche lassen Sie bisher ungenutzt? Auch die Antwort auf diese Fragen kann Ihnen Entwicklungsmöglichkeiten aufzeigen.

Wenn Sie das alles gesichtet haben, wird es Zeit zu entscheiden, woran Sie nun arbeiten möchten. Wie Sie das genau tun können, darüber gibt der nächste Schritt Auskunft.

Eine Lösung finden

In diesem Schritt geht es darum zu entscheiden, was Sie tun werden, um das Problem zu lösen. Dazu können Sie sehr gut einige Prinzipien zur Stärkung Ihrer Problemlösungskompetenz nutzen, die wir in Kapitel 8 besprochen haben. Beim Ausfüllen des Sieben-Schritte-Plans zur Problemlösung ist es sinnvoll, auch an andere Übungen zu denken. Was könnten Sie zum Beispiel tun, damit Sie stärker auf Ihr Können vertrauen? Und wie können Sie sich die Fähigkeiten, die Sie zur Problemlösung brauchen, wohl am besten aneignen?

Auch die Übungen zur Stärkung Ihres Selbstwerts könnten Teil der Lösungsfindung sein. Wenn Sie stark unter Minderwertigkeitsgefühlen leiden, können Sie sich entschließen, jeden Tag das ABC-Schema auszufüllen. Oder nach neuen Quellen suchen, die Ihr Selbstwertgefühl stärken. Bei Ihrer Lösungsfindung können Sie letztlich alle in diesem Buch beschriebenen Übungen nutzen.

Bedenken Sie auch, dass es unterschiedliche Wege gibt, Problemen zu Leibe zu rücken. Ich fasse sie hier noch einmal kurz zusammen.

- *Anders denken:* Besteht Ihr Problem in einem zu geringen Selbstwert, ist es meistens ratsam, an Ihren Überzeugungen zu arbeiten und dazu das ABC-Schema auszufüllen. Auch um Ihre Kompetenz zu stärken, kann es nützlich sein, Ihre Überzeugungen zu überprüfen. Was hält Sie davon ab, gewisse Schritte zu wagen? Welche negativen Überzeugungen hindern Sie daran, das zu leisten, was Sie von sich selbst erwarten? Um wieder hoffnungsvoll und positiv in die Zukunft blicken zu können, sollten Sie sich intensiv Ihren Überzeugungen widmen.

- *Anders handeln:* Hierbei geht es, je nachdem, was Ihre Situation erfordert, in erster Linie um die Aneignung neuer und die Verbesserung bestehender Kompetenzen. Die Entwicklung von Kompetenzen hilft Ihnen, mit neuen Situationen gut umzugehen und mit mehr Selbstvertrauen zu handeln.
  Wie bereits häufiger angesprochen, wirkt sich unser Handeln auch auf unser Denken aus. Handeln kann also dazu beitragen, negative Überzeugungen zu überwinden, und so unser Selbstwertgefühl beeinflussen. Aktiv werden ist aller-

dings auch ein Ziel an sich. Manche Menschen glauben, sie wären erst dann in der Lage zu handeln, wenn ihr Selbstvertrauen größer wäre. Die Praxis zeigt jedoch, dass wir selbst dann, wenn wir uns unsicher und ängstlich fühlen, noch viel erreichen können. Man kann so manches Ziel erreichen, ohne seine Überzeugung zu ändern, wenn man aktiv wird.
Beim Durchlaufen des Sieben-Schritte-Plans zur Problemlösung greifen Denken und Handeln ineinander. Den Plan zu nutzen kann Sie hoffnungsvoll stimmen. Doch diese Hoffnung ist nur dann begründet, wenn Sie auch entsprechend handeln. Denn das Zusammenspiel von Denken und Handeln wirkt sich am stärksten auf Ihr Selbstvertrauen aus.

- *Andere Situationen:* Zu guter Letzt können Sie auch aktiv nach Situationen suchen, die Ihr Selbstvertrauen stärken. Wenn Sie häufiger ausgehen, haben Sie mehr Gelegenheit, Kontakte zu knüpfen. Und wenn Sie mehr Sport treiben, haben Sie mehr Möglichkeiten, Ihre Fähigkeiten auszubauen. Das klingt zwar ganz ähnlich wie die Aufforderung, sein Verhalten zu verändern. Doch hier geht es nicht um das Verhalten in bereits bestehenden Situationen, sondern um die Suche nach neuen Situationen, die das gewünschte Verhalten stimulieren. Wenn Sie eine Diät machen möchten, ist es zum Beispiel klüger, sich in einem Fitnessclub anzumelden, als einen Kochkurs zu besuchen.

Hierzu gehört es auch, Situationen, die sich auf Ihr Selbstvertrauen ungünstig auswirken, zu meiden. Das bedeutet nicht, dass sie allein zu Hause sitzen bleiben sollen, nur weil Sie fürchten, irgendjemand könnte Sie verletzen oder beleidigen. Es bedeutet lediglich, dass es wenig Sinn hat, sich ständig in Situationen zu begeben, in denen man Kränkungen ausgesetzt ist. Wenn Sie einen Partner oder Bekannte haben, die Sie ständig herabsetzen und in Ihrer Entwicklung bremsen, ist es womöglich klüger, zu ihnen auf Distanz zu gehen.

Wie wir im Sieben-Schritte-Plan zur Problemlösung gesehen haben, ist es möglich, mehrere Vorgehensweisen miteinander zu verbinden. Sie sollten jedoch machbar bleiben. Wenn Sie Sport treiben möchten, um Ihre Kompetenz auszubauen, und sich auch noch ehrenamtlich engagieren möchten, um Ihr Selbstwertgefühl zu steigern, könnte das alles ein bisschen viel werden. Meistens braucht jede einzelne Veränderung unsere ungeteilte Aufmerksamkeit, daher sollten Sie vielleicht besser Schritt für Schritt vorgehen. Doch letztlich sind Sie es, die einschätzen müssen, was machbar ist.

Viele meiner Klienten würden an diesem Punkt der Überlegungen stehen bleiben – und vielleicht geht es Ihnen ja ähnlich. Eine Lösung ist jedoch nur wirklich eine Lösung, wenn man sie praktisch umsetzt. Um die Chance zu ihrer Realisierung zu erhöhen, muss man sich auch der genauen Planung widmen. Angenommen, Sie nutzen das ABC-Schema. Werden Sie es dann jeden Tag ausfüllen oder nur jeden zweiten Tag? Und besprechen Sie das Ergebnis mit jemandem? Mit einem Freund oder mit Ihrem Partner? Oder doch lieber einem Coach oder einem Psychologen? Selbstdisziplin ist ein wenig leichter aufzubringen, wenn man genau weiß, was man wo und zu welchem Zeitpunkt tun will.

Evaluation der Lösung

Sie haben eine Lösung für das Problem gefunden und sie praktisch umgesetzt. Nun ist es an der Zeit, sich anzusehen, ob sie auch wirklich funktioniert hat. Dazu sollten Sie sich selbst auf jeden Fall zwei Fragen stellen. Die erste Frage lautet: Ist das Verhalten effektiv? Hilft es Ihnen, Ihr Selbstvertrauen zu stärken? Für manche Menschen ist es sehr hilfreich, Sport zu treiben. Bei anderen, deren Selbstvertrauen sehr gering ist, hat Sport eher einen negativen Effekt. Denn wenn man mit einer Sportart neu beginnt, bringt man anfangs oft wenig zustande. Einige setzen sich dem lieber nicht aus und würden dadurch eher noch an Selbstvertrauen einbüßen. Sie selbst entscheiden, welche Lösung für Sie funktioniert.

Die zweite Frage lautet: Ist Ihr Verhalten effizient? Wirkt es einfach und schnell? Ich rate zur Stärkung des Selbstwertgefühls oft zu ehrenamtlichem Engagement. Im Allgemeinen funktioniert das gut. Wenn Sie sich jedoch in den Vorstand eines Vereins wählen lassen, kann diese Arbeit auch zu einer ziemlichen Belastung werden. In einem solchen Fall kann die Investition höher sein als der Nutzen. Das ist natürlich nicht Sinn der Sache.

Letztlich müssen Sie einfach selbst entscheiden, ob eine Lösung dazu beiträgt, Ihre Lebensqualität zu erhöhen. Wenn das gegeben ist, sollten Sie diesem Weg folgen. Wenn nicht, sollten Sie die Lösung verwerfen.

Nun, da Sie ein Selbstvertrauensprojekt einmal durchlaufen haben, kommen Sie wieder zum Ausgangspunkt und damit zu Ihrem derzeitigen Selbstvertrauen zurück. Wenn das Projekt erfolgreich verlaufen ist, ist Ihr Selbstvertrauen nun stärker als zuvor. Dann stehen Sie vor der Entscheidung, wie es weitergehen soll. Ist Ihr Selbstvertrauen groß genug? Oder wollen Sie das Selbstvertrauensprojekt erneut durchlaufen? Die Entscheidung liegt bei Ihnen.

BEISPIEL

Mischa ist auf der Suche nach einer Stelle. Sie hat vor Kurzem ihr Studium abgeschlossen, weiß aber noch nicht recht, wie sie nun eine Anstellung finden soll. Sich einfach auf Annoncen hin zu bewerben funktioniert nicht besonders gut. Auf jede Bewerbung erhält sie eine Absage, und sie merkt selbst, wie ihr Selbstvertrauen schwindet. Eine Stelle zu finden könnte ihre Selbstvertrauensprobleme lösen. Doch noch besser wäre es, wenn ihr Selbstvertrauen auch ohne Job groß genug wäre. Daher entscheidet sie sich, das Problem von zwei Seiten aus anzugehen. Zunächst möchte sie ihre Kompetenzen in Bezug auf die Arbeitssuche steigern.

Sie will das ganz solide angehen und sucht sich daher eine Karriereberaterin. Außerdem beschließt sie, intensiv mit dem ABC-Schema zu arbeiten, um besser mit möglichen Absagen umgehen zu können.

Die Karriereberaterin ist ein Volltreffer. Sie erklärt Mischa, dass sie sich angesichts ihrer bisherigen Berufserfahrung auf zu hohem Niveau bewirbt. Ihrer Auffassung nach wäre es klüger, sich auf Stellen zu bewerben, die eine geringere Qualifikation erfordern, um dann später aufzusteigen. Das gefällt Mischa anfangs nicht besonders. Eine Stelle zu akzeptieren, die eine geringere Qualifikation erfordert, bedeutet aus ihrer Sicht, dass sie gescheitert und für eine anspruchsvolle Stelle nicht gut genug ist. Hier kommt das ABC-Schema zum Tragen. Ihr wird klar, dass sie eine einfachere Stelle als Misserfolg interpretiert. Statt sie als Schritt zu der Stelle zu sehen, die sie letztendlich haben will. Der erste Schritt auf dem Weg zum Ziel ist aber kein Misserfolg, sondern gerade ein Grund zum Feiern.

Diese Überlegungen führen dazu, dass sie sich auf Stellen auf einem niedrigeren Niveau bewirbt. Nun wird sie zu Vorstellungsgesprächen eingeladen. Schließlich erhalte ich eine E-Mail, in der sie mich darüber informiert, dass sie gerade einen Vertrag unterzeichnet hat. Und sie merkt dazu noch an, die Situation habe ihrem Selbstvertrauen einen solchen Schub versetzt, dass sie vorläufig keine Selbstvertrauensprojekte mehr brauche.

Zum Schluss

Das Durchlaufen des Selbstvertrauenszyklus dient mehreren Zielen. Zunächst verstehe ich den Selbstvertrauenszyklus als Zusammenfassung der in diesem Buch angesprochenen Themen. All die vielfältigen Themen fügen sich in diesem Zyklus zusammen. Die Selbstvertrauensprojekte haben jedoch auch den Sinn, das Thema Selbstvertrauen wachzuhalten und dazu beizutragen, dass Sie sich weiterhin mit Ihren Gefühlen und Ihrem Selbstbild beschäftigen. So können Sie ein erneutes Abgleiten in die Untiefen des Selbstzweifels abwenden. Denn hier gilt, wie für viele andere Probleme auch: Ein rechtzeitiges Eingreifen kann viel verhindern. Regelmäßige

Selbstvertrauensprojekte erinnern Sie daran, dass Selbstvertrauen Aufmerksamkeit erfordert. Zum Schluss möchte ich Ihnen nur noch einen Satz mitgeben: Werden Sie aktiv!

Teil V

Stärken Sie das Selbstvertrauen Ihrer Kinder

14. Liebe und Lob – wie stärken wir unsere Kinder richtig?

Ich habe den ersten Teil des Buches mit der Schilderung amerikanischer Schüler begonnen, die darin bestärkt worden waren, ein starkes Selbstvertrauen aufzubauen. Dort hat man das Selbstwertgefühl der Kinder vor allem dadurch zu stärken versucht, dass man ihnen immer wieder suggeriert hat, großartig und ganz außergewöhnlich zu sein. Außerdem haben sie statt eines ehrlichen Feedbacks ausschließlich Lob bekommen. Diese Art der Erziehung hat jedoch, gelinde gesagt, nicht zu dem erwünschten Ergebnis geführt. Die Kinder sind nicht selbstsicher und unabhängig, sondern lediglich arrogant und wenig leistungsfähig geworden.

In meiner Praxis begegne ich immer wieder Kindern und Jugendlichen, die eine ähnliche Erziehung genossen haben. Manchmal kommt es mir so vor, als lebe das amerikanische Ideal der Siebzigerjahre in den Niederlanden noch weiter. Diese Kinder werden von ihren Eltern ständig gelobt und glauben deshalb, sie seien etwas ganz Besonderes. Irgendwann werden sie jedoch mit der Realität konfrontiert, und das ist für viele von ihnen eine harte Lektion. In der Praxis zeigt sich nämlich, dass sie gar nicht so außergewöhnlich sind, wie sie glauben. Sie haben, um in der Terminologie dieses Buches zu bleiben, ein starkes Selbstwertbewusstsein, aber wenig Kompetenzen.

Auch Kinder können an einem optimalen Selbstvertrauen arbeiten. Die Übungen, die wir in diesem Buch besprochen haben, sind natürlich nicht allesamt für Kinder geeignet. Vor allem von jüngeren Kindern kann man natürlich nicht erwarten, dass sie sich um ihre persönliche Entwicklung kümmern. Ihre Entwicklung wird im Wesentlichen von ihren Eltern bestimmt. Dieser letze Teil meines Buches ist daher auch als Leitfaden für Erzieher und Eltern gedacht. Die Theorie zum Selbstvertrauen in diesem Bereich unterscheidet sich nicht von dem Ansatz, der im gesamten Buch zu diesem Thema vertreten wird. Auch bei Kindern baut sich Selbstvertrauen aus einer Kombination von Kompetenz und Selbstwert auf. Wer das Selbstvertrauen von Kindern fördern will, sollte sich beiden Aspekten widmen, ohne sie miteinander zu vermengen. Der Selbstwert von Kindern lässt sich durch bedingungslose Liebe stärken, ihre Kompetenzen lassen sich durch die richtige Form von Lob und durch die Förderung von Eigeninitiative steigern. In diesem letzen Teil meines Buches geht es im engeren Sinne um die praktische Umsetzung dieser Vorgaben.

Selbstwert: bedingungslose Liebe

Selbstwertgefühl entwickeln Kinder vor allem, wenn sie von ihren Eltern bedingungslos geliebt werden. Ich bin mir bewusst, dass das ein ziemlich vager Begriff ist. Daher möchte ich zunächst genauer erklären, was ich unter „bedingungsloser" Liebe verstehe. Viele Eltern bringen die Liebe zu ihren Kindern dadurch zum Ausdruck, dass sie sie vor Niederlagen und Schwierigkeiten zu bewahren versuchen. Die Eltern von heute fühlen sich moralisch verpflichtet, ihren Kindern das Beste vom Besten zu bieten. Sie bringen sie zum Sport, helfen ihnen, wenn sie mit den Hausaufgaben nicht zurechtkommen, und vermitteln zwischen den Kindern, wenn sie sich streiten. Sie zeigen ihre Liebe zu ihren Kindern, indem sie sie beschützen und möglichst alles Unangenehme von ihnen fernhalten.

BEISPIEL

Marieke kommt mit ihrer Mutter zu mir. Sie ist 19 Jahre alt und hat schon einige Zeit Probleme mit ihrem geringen Selbstvertrauen. Während des Gesprächs führt vor allem ihre Mutter das Wort. Sie erzählt, dass ihre Beziehung zu Marieke sehr gut ist und sie sich eher als „beste Freundinnen" denn als Mutter und Tochter verständen. Dieses Verhältnis zueinander sei nicht erst in den letzten Jahren so gewachsen, sondern eigentlich immer schon so gewesen. Ich sei der dritte Berater, bei dem Mariekes Mutter anklopft, sagt sie. Sie habe es schon mit einem anderen Coach und einem Psychologen versucht. Doch beide hätten kaum helfen können.

Nach einiger Zeit bitte ich Marieke, selbst ihre Geschichte zu erzählen. Sie sagt, sie stelle sehr hohe Anforderung an sich selbst. Sie mache sich Sorgen, was andere von ihr halten, und habe Angst, Fehler zu machen. Als ich sie frage, was sie werden will, gibt sie darauf nicht sofort eine Antwort. Nach langem Nachdenken meint sie, gern etwas machen zu wollen, bei dem sie viel Kontakt mit Menschen habe und im Zentrum des Interesses stehe. Ich frage sie, ob sie schon mal darüber nachgedacht habe, zu Hause auszuziehen. Darauf reagieren sowohl Mutter als auch Tochter entsetzt. Sie haben es so nett miteinander, warum also sollte Marieke ausziehen? Mariekes Mutter fügt noch hinzu, dass Marieke zu diesem Schritt momentan auch gar nicht in der Lage sei, denn dazu fehle ihr das nötige Selbstvertrauen.

Bedingungslose Liebe hat wenig mit Beschützen und Umsorgen zu tun. In den ersten Lebensjahren ist es natürlich wichtig, ein Kind rundum zu umsorgen. Von einem Neugeborenen kann man schließlich keine Eigenständigkeit erwarten. Doch wenn ein Kind älter wird, ist es entscheidend, ihm allmählich auch eigene Verantwortung zuzugestehen. Dass bedeutet, dass es Fehler machen darf, lernen muss, Niederlagen zu verarbeiten und sich anzustrengen. Nur so kann ein Kind lernen, auf seine eigenen Fähigkeiten zu vertrauen. Wenn man ihm diese Chance nimmt, wird es das Gefühl haben, keiner Situation gewachsen zu sein. Ein Kind bedingungslos zu lieben bedeutet also nicht, ihm alles aus der Hand zu nehmen.

Was bedeutet bedingungslose Liebe in der Praxis aber dann? In dem Kapitel über Selbstwert (Kap. 3) habe ich schon darauf hingewiesen, dass viele Menschen ihren Selbstwert an bestimmte Bedingungen knüpfen. Erst wenn sie gewissen Anforderungen genügen, können sie mit sich zufrieden sein. Ich habe auch erläutert, inwiefern sich dieses Denken negativ auf das Selbstvertrauen auswirkt und dass man besser vor Augen halten sollte, dass jeder Mensch etwas wert ist. In der Erziehung kommt diese Haltung in der Liebe der Eltern zu ihren Kindern zum Ausdruck. Eltern, die ihr Kind bedingungslos lieben, machen Anerkennung und Liebe nicht von seiner Leistung abhängig. Gerade wenn mal etwas schiefgeht, ist bedingungslose Liebe besonders wichtig. In diesen Momenten können Eltern deutlich machen, dass sie ihr Kind auch lieben, wenn es versagt oder Fehler macht. Sie zeigen damit, dass der Wert eines Menschen nicht von seinem Können abhängt und ihre Liebe zu ihrem Kind nicht darauf beruht, was es tut, sondern darauf, wer es ist. Sie demonstrieren, dass sie es nicht erst lieben, wenn es sein Zimmer aufgeräumt oder gute Noten mit nach Hause gebracht hat. Ihre Liebe zu ihrem Kind ist unabhängig von seinem Handeln.

Was nicht bedeutet, dass die Eltern jedes Verhalten ihres Kindes gutheißen. Denn das würde das Verhältnis zwischen Selbstwertgefühl und Kompetenzen in eine ähnliche Schieflage rücken wie bei den besagten amerikanischen Schülern. Daher sollten Sie Ihrem Kind nicht nur bedingungslose Liebe entgegenbringen, sondern ihm auch deutlich machen, dass Sie ihm gegenüber gewisse Erwartungen haben. Zunächst hat jeder wohl bestimmte moralische Richtlinien, die er an sein Kind weitergeben will. Man will zum Beispiel nicht, dass das eigene Kind stiehlt, anderen Schmerz zufügt oder lügt. Da Kinder aufgrund ihrer mangelnden Erfahrung noch nicht selbst zu einer moralischen Haltung fähig sind, ist es Aufgabe der Eltern, ihnen diese zu vermitteln. Außerdem will man auch aus praktischen Gründen, dass die Kinder bestimmte Dinge tun. Man erwartet zum Beispiel, dass sie Aufgaben im Haushalt übernehmen. Außerdem hegt man die Hoffnung, dass sie aus ihrem Leben etwas machen und damit – wie man annimmt – in Zukunft glücklicher sein werden. Da Kinder das selbst nicht immer deutlich sehen, liegt es in der Verantwortung der Eltern, ihnen das zu vermitteln.

Einerseits will man dem Kind also vermitteln, dass die Liebe zu ihm nicht von seinem Handeln abhängt. Andererseits erwartet man, dass es bestimmte Anforderungen erfüllt. Wie kann man diese beiden Zielsetzungen miteinander verknüpfen, ohne das Selbstwertgefühl der Kinder zu erschüttern?

Kompetenzen und Selbstwert trennen

Die Kompetenzen von Kindern entwickeln sich auf die gleiche Weise wie bei ihren Eltern. Sie verbessern sich in bestimmten Tätigkeiten, indem sie diese üben. Dabei ist es wichtig, dass die Kinder lernen, mit Rückschlägen und Niederlagen umzugehen. Eltern spielen dabei zwar eine gewisse Rolle, sie sollten bei ihrer Erziehung aber eine angemessene Distanz wahren. Denn Verantwortung zu übernehmen lernen Kinder nicht, wenn ihre Eltern immer mit einem Sicherheitsnetz hinter ihnen stehen. Ein anderer, bereits angesprochener Aspekt, der besondere Beachtung verdient, ist die Trennung von Selbstwert und Kompetenz. Auf dieses Thema möchte ich nun etwas genauer eingehen.

Die Frage ist hier: Wie lassen sich gewisse Erwartungen, die man an die Kinder stellt, mit bedingungsloser Liebe vereinbaren? Lassen Sie mich mit dem Beispiel der häuslichen Pflichten beginnen. Das ist etwas, was in vielen Familien ein Problem darstellt. Damit die Aufgabenverteilung innerhalb der Familie reibungslos verläuft, ist es wichtig, den Kindern klar zu sagen, was man von ihnen erwartet, zum Beispiel, dass sie ihr Zimmer aufräumen und die Spülmaschine einräumen sollen. Außerdem muss deutlich sein, dass es bestimmte Konsequenzen hat, wenn sie ihren Pflichten nicht nachkommen. Konsequenzen können Strafen dafür sein, dass das Kind seine Aufgaben nicht erledigt hat, oder Belohnungen dafür, dass es seinen Pflichten nachgekommen ist. Kinder zu belohnen hört sich zunächst sympathischer an, passt jedoch nicht immer zu der Botschaft, die man ihnen vermitteln will. Vor allem etwas ältere Kinder sollten lernen, dass bestimmte Dinge nun einmal zum Leben dazugehören und sie keine Belohnung erwarten dürfen, bloß weil sie ihren alltäglichen Pflichten nachgehen. Als Erwachsener bekommt man schließlich auch keine Belohnung, wenn man seine Steuerunterlagen rechtzeitig einreicht oder sich an die Geschwindigkeitsbegrenzung hält.

Es ist also keineswegs von vorneherein falsch, seinen Unmut deutlich zu zeigen oder die Kinder zu bestrafen. Denn so lernen sie, dass ihr Handeln Konsequenzen hat, für die sie selbst verantwortlich sind. Ihnen muss allerdings klar sein, wofür und warum sie bestraft werden: Sie werden bestraft, weil sie sich nicht an bestimmte Abmachungen gehalten haben, und nicht, weil ihre Eltern sie nicht mehr lieben oder als Person ablehnen.

Auch in Bezug auf schulische Leistungen und ihre Beurteilung kann man sich weitgehend an den genannten Hinweisen orientieren. Ich habe zuvor in diesem Buch schon einmal Bernard Maarsingh zitiert: „Hart in der Sache, sanft zu den Menschen“. Man betrachtet, mit anderen Worten, die Leistung objektiv, ohne die Person, die diese Leistung erbracht hat, zu verurteilen. Es ist wichtig, dieses Motto nicht nur zu beherzigen, wenn man Kinder kritisiert. Möglichkeiten, „sanft zu den Menschen“ zu sein, bieten sich in der Erziehung nämlich fortwährend. Man kann sanft zu seinen Kindern sein, indem man ihnen Aufmerksamkeit schenkt, mit ihnen redet oder sich dafür interessiert, was in ihnen vorgeht – mit anderen Worten: einfach indem man zeigt, dass man sie liebt.

Gutes und schlechtes Lob

Es gibt noch ein anderes Thema, bei dem der Unterschied zwischen Kompetenz und Selbstwert eine Rolle spielt, das Loben. Wie wir am Beispiel der amerikanischen Schulen gesehen haben, gehen viele Menschen davon aus, dass Lob das Selbstvertrauen des Kindes stärkt. Zunächst ist nichts falsch daran, Kinder in ihren guten Verhaltensweisen zu bestärken und gute Leistungen zu loben. Man kann beim Loben allerdings auch Fehler machen, die sich negativ auf das Selbstvertrauen der Kinder auswirken.

Nach Auffassung der amerikanischen Wissenschaftlerin Carol Dweck[58] gibt es zwei Möglichkeiten oder besser: zwei Denkweisen *(mindsets),* mit denen man Leistung betrachten kann. Die erste geht davon aus, dass man manche Dinge kann und andere nicht.

Nach dieser statischen Denkweise sind Talent und Begabung viel wichtiger als Übung. Die zweite, das sogenannte Wachstums-Mindset, geht davon aus, dass wir uns mithilfe von Übung entwickeln können.

Unsere Denkweisen beeinflussen unsere Leistung und unser Selbstvertrauen. Menschen mit einem statischen Mindset glauben, dass ihnen ihr Talent von Geburt an mitgegeben ist, und betrachten ihre Leistung daher als eine Möglichkeit, ihr Talent *unter Beweis zu stellen.* Eine gute Leistung beweist ihr großes Talent. Eine schlechte Leistung beweist ihr mangelndes Talent. Diese Sichtweise führt schnell zu Perfektionismus und Versagensangst. Menschen mit einem Wachstums-Mindset betrachten ihre Leistung ebenfalls als Maßstab. Doch für sie beweist ihre Leistung nicht die Größe ihres Talents oder ihrer Intelligenz, sie zeigt nur, *wie weit sie bisher gekommen sind.* Sie kennzeichnet ihr aktuelles Kompetenzniveau, sagt aber nichts darüber aus, wie sich ihre Kompetenzen zukünftig noch entwickeln können.

Die Art und Weise, wie Sie auf die Leistungen Ihrer Kinder reagieren, beeinflusst weitgehend die Art und Weise, wie sie ihre Leistung im späteren Leben einschätzen. Sie können beispielsweise sagen: „Du bist Erste geworden. Ich finde es wirklich beeindruckend, wie hart du dafür gearbeitet hast.“ Loben Sie die Kinder für ihre Anstrengungen und stimulieren Sie damit ihr Wachstums-Mindset. Allerdings gilt dies nicht für ein Loben, mit dem Sie bei Ihrem Kind den Eindruck erwecken, seine Leistung beruhe nun einmal auf einem gewissen statischen Talent. Das trifft zum Beispiel auf die Formulierung zu: „Was für eine wunderbare Zeichnung, du bist ein kleiner Picasso!“ Ein solches Lob kann bewirken, dass sich Ihr Kind zu sehr mit seinen Leistungen identifiziert. So kann bei ihm die für das Selbstwertgefühl nachteilige Vorstellung aufkommen, sein Wert als Person basiere auf seiner Leistung.

Es steht außer Frage, dass man ein Kind nur für gute Leistungen loben soll. Dweck schildert in ihrem Buch *Selbstbild. Wie unser Denken Erfolge und Niederlagen bewirkt* folgendes Beispiel.

BEISPIEL

Die neunjährige Elisabeth war auf dem Weg zu ihrem ersten Turnwettkampf (...). Sie war gut im Turnen und zuversichtlich, dass sie gut abschneiden würde. Insgeheim hatte sie in ihrem Zimmer sogar schon einen Platz ausgewählt, an dem sie die Medaille aufhängen wollte, die sie gewinnen würde. (...) Als sie abends nach Hause ging, hatte sie aber keine Medaille und war am Boden zerstört.

Was würden Sie tun, wenn Sie der Vater oder die Mutter von Elisabeth wären?

1. Zu Elisabeth sagen, in meinen Augen sei sie die Beste gewesen.
2. Zu ihr sagen, sie sei um die Medaille betrogen worden.
3. Sie trösten und ihr erklären, dass Turnen sowieso unwichtig sei.
4. Ihr Sagen, dass sie das Talent habe und beim nächsten Mal ganz sicher gewinnen werde.
5. Sagen, dass sie den Sieg nicht verdient habe.

Dwecks Beobachtung nach versuchen viele Eltern, das Selbstvertrauen ihrer Kinder zu schützen, indem sie sie vor Misserfolgen bewahren. Sie entscheiden sich häufig für die ersten beiden Reaktionen. Damit tun sie ihnen jedoch eigentlich keinen Gefallen. Die dritte Option ist ebenfalls nicht ideal. Wenn man alles, was nicht gut ausgeht, als nutzlos abtut, wird man es nie weit bringen. Die vierte Möglichkeit ist völlig daneben. Elisabeth bekommt dadurch die irrige Vorstellung, es vom Talent her schon zu können. Wie hart es sich auch anhören mag, die letzte Option ist die beste. Es versteht sich von selbst, dass man es in etwas taktvolleren Worten sagen sollte, aber vom Inhalt her ändert sich nichts: „Es ist sehr enttäuschend, dass es nicht so ausgegangen ist, wie du es dir vorgestellt hast. Aber du weißt auch, dass du es noch nicht wirklich verdient hast. Die meisten Mädchen turnen schon viel länger als du und haben auch härter trainiert. Wenn du etwas wirklich erreichen willst, musst du dich sehr dafür anstrengen.“

Kinder für schlechte Leistungen zu loben, hat langfristig nur negative Auswirkungen. Es macht es ihnen äußerst schwer, ihr Niveau realistisch einzuschätzen. Und es vermittelt ihnen nicht den Wert von Engagement und Übung, was womöglich noch wichtiger wäre. Lob ist nicht die einzige, aber doch eine bedeutsame Möglichkeit, die Kompetenzen von Kindern zu stärken. Deshalb ist es so wichtig, Kinder richtig zu loben. Im Folgenden stelle ich noch andere Strategien zur Kompetenzsteigerung vor.

Verantwortung übernehmen und das Lernen lernen

Die Kompetenzen von Kindern kann man im Großen und Ganzen auf die gleiche Weise wie bei Erwachsenen fördern. In einer Hinsicht besteht allerdings ein wesentlicher Unterschied: in Bezug auf Verantwortung. Verantwortung ist im Leben von Erwachsenen ein Faktum.

Sie müssen selbst für ihren Lebensunterhalt sorgen und werden für ihr Handeln zur Verantwortung gezogen. Für Kinder spielt der erste Aspekt keine Rolle, der zweite ist alles andere als eine Selbstverständlichkeit. Für jüngere Kinder tragen natürlich die Eltern in allem die Verantwortung. Je älter die Kinder werden, desto wichtiger wird es für sie jedoch, dass sie lernen, auch selbst Verantwortung zu übernehmen. Eltern, die das Selbstvertrauen ihrer Kinder stärken möchten, müssen ihnen die Möglichkeit zu eigener Verantwortung bieten.

Das beginnt mit kleinen Dingen wie der Erledigung des Abwaschs oder des Aufräumens des eigenen Zimmers. Die Eltern sollten dann natürlich auch prüfen, ob ihre Kinder die Verantwortung tatsächlich wahrnehmen. Später jedoch gilt es, den Kindern Verantwortung im „wirklichen Leben“ zu übertragen. Hierbei ist es vor allem wichtig, dass man den Kindern zugesteht, Fehler zu machen. Als Eltern weiß man sicher manches besser als seine Kinder und möchte ihnen Ratschläge erteilen, um sie vor Schwierigkeiten zu bewahren. Daran ist nichts verkehrt. Wenn Ihr Sohn oder Ihre Tochter den Rat, nicht so viel Alkohol zu trinken, sofort annimmt, ist das wunderbar. In den meisten Fällen funktioniert das allerdings nicht so einfach. Dann könnten Sie Ihrem Kind zwar auch verbieten, Alkohol zu trinken oder auszugehen, aber das ist auf lange Sicht nicht besonders effektiv. Denn schließlich ist ein Verbot, bis Ihr Kind ins Erwachsenenalter kommt, schwer durchzuhalten. Daher ist es besser, sie ihre eigenen Fehler machen zu lassen und ihnen nicht die Erfahrung zu ersparen, wie unangenehm die Wirkung von übermäßigem Alkoholgenuss sein kann.

Fehler haben noch einen anderen bemerkenswerten Lerneffekt. Sie bringen Ihren Kindern zu Bewusstsein, dass ein Fehler nicht gleich eine Katastrophe sein muss. Und dass man nicht sofort für immer und ewig in Schwierigkeiten steckt, wenn man einmal eine Dummheit begeht. Für die eigene Entwicklung ist es absolut notwendig, hin und wieder Fehler machen zu können. Daher ist es richtig, Kinder ab und an etwas ausprobieren zu lassen, selbst wenn man im Grunde seines Herzens schon weiß, dass sie damit scheitern werden. Dabei ist es allerdings unverzichtbar, sie selbst für die Konsequenzen einstehen zu lassen, denn sonst lernen sie nichts daraus.

BEISPIEL

Ich bespreche mit Marieke und ihrer Mutter, dass Marieke meiner Meinung nach lernen sollte, mehr auf eigenen Beinen zu stehen. Ich schlage vor, mit ihr und ihrer Mutter Einzelgespräche zu führen. Außerdem möchte ich, dass Marieke alleine zu mir ins Büro kommt und nicht von ihrer Mutter gebracht wird.

In den Gesprächen mit Marieke konzentriere ich mich auf die Frage, welche Richtung ihr Leben nehmen soll. Ich frage sie, was sie mit ihrem Leben anfangen will und wovon sie träumt. Dann ermutige ich sie dazu herauszufinden, wie sie diese Träume verwirklichen kann. Wir entwerfen einen Plan und unternehmen erste Schritte zu seiner Umsetzung. Ich bitte sie, unsere Gespräche nicht mit ihrer Mutter zu erörtern.

Mit Mariekes Mutter spreche ich vor allem darüber, was es bedeutet loszulassen. Es ist normal, dass es einem zu schaffen macht, dabei zuzusehen, wie das eigene Kind zu einem selbstständigen Erwachsenen heranwächst. Dennoch ist es wichtig, diese Entwicklung zuzulassen und sogar zu bestärken. Ich mache den Vorschlag, Marieke Kostgeld zahlen zu lassen, solange sie noch bei ihren Eltern wohnt. Dafür müsste sie sich einen Nebenjob suchen. Außerdem schlage ich vor, ihr ein Budget für Kleidung zur Verfügung zu stellen und die Geschenke an sie auf ein Minimum zu beschränken.

Marieke ist nicht besonders begeistert von meinen Vorschlägen. Bei der nächsten Sitzung ist sie ziemlich sauer auf mich. Ich versuche ihr zu erklären, dass man mehr Selbstvertrauen gewinnt, wenn man auf sich selbst vertrauen kann. Solange man völlig von seinen Eltern abhängig bleibt, ist das sehr schwierig. Natürlich sieht sie das nicht sofort ein. Ich schlage ihr vor, sich eine andere Regelung zu überlegen, mit der sie lernen könnte, für sich selbst zu sorgen. Da ihr dazu nichts einfällt, stimmt sie schließlich der bestehenden Regelung zu. Wir sprechen auch darüber, wie sie einen Job finden kann, um ihren Eltern Kostgeld zahlen zu können.

Zur nächsten Sitzung wird Mariekes Mutter von ihrem Mann begleitet. Er macht sich Sorgen, denn er sieht, dass seine Tochter hart arbeitet und oft müde ist. Er fragt sich, ob wir sie nicht zu hart rannehmen. Ich erkläre den Eltern, dass wir durchaus einen kleinen Schritt zurückgehen können, dass für Marieke aber die Herausforderung bestehen bleiben sollte. Wenn wir ihr Selbstvertrauen stärken wollen, dürfen wir sie nicht in Watte packen. Die Eltern beschließen, kein Kostgeld mehr zu verlangen, damit Marieke weniger arbeiten muss. Das Budget für Kleidung bleibt jedoch bestehen.

Nach einigen weiteren Sitzungen runde ich das Coaching mit Mutter und Tochter gemeinsam ab. Es ist deutlich zu spüren, dass sich ihre Beziehung verändert hat. Marieke redet mehr und verhält sich ihrer Mutter gegenüber auch etwas defensiver. Sie ist eindeutig dabei, eigene Vorstellungen zu entwickeln.

Ich kann mir vorstellen, dass das für ihre Mutter eine schwierige Phase ist. Mariekes Selbstvertrauen ist auf einem guten Weg. Sie ist zufrieden mit ihrem neuen Job und in der Schule nicht mehr angespannt. Es ist zwar noch einiges zu tun, aber die ersten Schritte zu einem stärkeren Selbstvertrauen sind getan.

Kindern mehr Verantwortung zu übertragen zwingt sie, im praktischen Leben zu lernen. Diese Lernerfahrung lässt sich auch noch gezielter steuern. Etwa indem man gewisse Aspekte aus Kapitel 11 mit ihnen bespricht oder diese Aspekte auf ihre Situation zuschneidet. Eltern sind im Allgemeinen ausgezeichnete Coaches. Wenn ein Kind niedergeschlagen ist, weil ihm etwas misslungen ist, kann man sich in der Familie zusammensetzen und schauen, wo das Problem liegt und wie man es angehen könnte. Wichtig dabei ist allerdings, dass nicht die Eltern das Problem lösen, sondern ihrem Kind vielmehr vermitteln, wie es sein Problem selbst lösen kann.

Eltern sind oft auch gute Vorbilder, von denen Kinder lernen können, wie sie mit Niederlagen und Konflikten umgehen, auf andere Menschen zugehen und eine positive Lebenshaltung entwickeln können. Wenn Sie selbst mit den Übungen in diesem Buch arbeiten, können Sie damit auch Ihren Kindern ein gutes Vorbild sein. Für jüngere Kinder erweist es sich manchmal jedoch als recht schwierig, ihre Eltern als Vorbilder zu sehen. Denn dass ihre Eltern etwas können, bedeutet in ihren Augen nicht unbedingt, dass sie es selbst auch lernen könnten. In solchen Fällen ist es sinnvoll, sie in dem, was sie tun, mit anderen Kindern zusammenzubringen. Ist ein Kind zum Beispiel wasserscheu, bietet es sich an, ihm in einem Bad Schwimmen beizubringen, in dem es andere Kinder sieht, die bereits schwimmen können. Denn dann wird es möglicherweise merken, dass es wenig Grund hat, sich zu fürchten.

Eine weitere Möglichkeit, Kindern die Bedeutung von Übung, zu vermitteln, besteht darin, mit ihnen über ihre eigenen Fortschritte zu sprechen. Zum Beispiel indem man sie daran erinnert, dass sie früher überhaupt kein Englisch konnten und heute doch immerhin ein wenig. Oder indem man wöchentlich mit ihnen darüber spricht, was sie in der vergangenen Woche gelernt haben. Neben der Schule bieten auch Sport und andere Hobbys eine gute Gelegenheit, Übungserfahrung zu machen. In Musikstunden ist schon nach wenigen Wochen hörbar, wie sich intensive Übung auf die Leistung auswirkt. Wenn man Kindern diesen Effekt deutlich machen kann, werden sie sich schon in jungen Jahren bewusst, wie viel man erreichen kann, wenn man sich genug anstrengt.

Wie ich zu Beginn dieses Kapitels schon erwähnt habe, ist in den Niederlanden die „amerikanische" Methode, das Selbstvertrauen von Kindern zu stärken, durchaus verbreitet. Was wohl das Selbstwertgefühl der Kinder stärkt, aber nicht ihre Kompetenzen. In den USA ist es daher mittlerweile fast verpönt, das Selbstvertrauen der Kinder in der Erziehung zu stärken. Ich fürchte, dass sich dort nun Erziehungskonzepte durchsetzen werden, in denen zu viel Wert auf die Kompetenz der Kinder gelegt wird. Dieses Hin und Her lässt sich durchaus vermeiden, wenn sich Eltern um ein optimales Verhältnis von Selbstwert und Kompetenz bemühen und wenn sie ihre bedingungslose Liebe zu ihren Kindern damit verbinden, ihnen Verantwortung zu übergeben und ihre Eigeninitiative zu stimulieren. Wer den Hinweisen aus diesem Kapitel folgt, kann einiges erreichen.

Dank

Ich möchte einigen Menschen für ihre Unterstützung beim Schreiben dieses Buches danken.

Zunächst Sarah und René, die mir bei den Trainings zu dieser Untersuchung geholfen haben. Ich hätte mir keine tatkräftigeren und professionelleren Trainer wünschen können. Außerdem allen Klienten, die daran beteiligt waren und unzählige Fragebögen ausgefüllt haben.

Natürlich auch meinen ersten Lesern, Trees, Pieter Laurens und Job, und insbesondere Nienke für ihren Einsatz als akribische Redakteurin und Lektorin. Ich denke, dieser Job liegt dir.

Dann Professor Pim Cuijpers von der Freien Universität Amsterdam, der mir trotz seiner Bedenken gegenüber der Positiven Psychologie die Möglichkeit geboten hat, eine Untersuchung dazu durchzuführen. Ich hoffe, dass ich dazu habe beitragen können, ihn vom Wert der Positiven Psychologie zu überzeugen. Professor Chris Mruk wird diese Worte des Dankes leider nicht lesen können, weil er des Niederländischen nicht mächtig ist, aber sein wunderbares Buch und seine persönliche Unterstützung waren für mich sehr hilfreich, daher möchte ich ihn an dieser Stelle erwähnen.

Schließlich Paulien, der es zu verdanken ist, dass ich kein Einsiedler geworden bin.

Und Glenn, der mit seinen Erkenntnissen aus *Het nieuwe werken* („Das neue Arbeiten“) dafür gesorgt hat, dass sich das Schreiben dieses Buches fast wie ein richtiger Job angefühlt hat.

Anmerkungen

1 Baumeister, R. F., Campbell, J. D., Kreuger, J. I. & Vohs, K. D. (2003). „Does high self-esteem cause better performance, interpersonal success, happiness, or healthier lifestyles?“ *Psychological Science in the Public Interest,* 4: 1-44.

2 Smith, L. L. & Elliot, C. (2001). *Hollow kids: Recapturing the soul of a generation lost to the self-esteem myth.* Roseville: Prima Lifestyles.

3 Baumeister, R. F., Campbell, J. D., Kreuger, J. I. & Vohs, K. D. (2003). „Does high selfesteem cause better performance, interpersonal success, happiness, or healthier lifestyles?“ *Psychological Science in the Public Interest,* 4: 1-44.

4 Crocker, J. & Park, L. E. (2004). „The costly pursuit of self-esteem.“ *Psychological Bulletin,* 130: 392-414.

5 Die Vorstellung eines Selbstvertrauens, das auf zwei Aspekten aufbaut, ist nicht neu. Sie findet sich auch bei: Franks, D. D. & Marolla, J. (1976). „Efficacious action and social approval as interacting dimensions of self-esteem: A tentative formulation through construct validation.“ *Sociometrics,* 39: 324-341; und Gecas, V. (1982). „The self-concept.“ *Annual Review of Sociology,* 8: 1-33. Die Forschung zu diesen beiden Aspekten wird sich angesichts der Probleme, die ich in diesem Kapitel beschrieben habe, wohl zunehmen. Siehe dazu: Tafarodi, R. W. & Swann, W. B. (2001). „Two-dimensional self-esteem: theory and measurement.“ *Personality and Individual Differences,* 31: 653-673; und Harter, S. (1999). *The construction of the self: A developmental perspective.* New York: Guilford.
Ich habe mich für das Begriffspaar „vaardigheid“(Kompetenz) und „waardigheid“ (Selbstwert) entschieden, da mir diese Kombination wegen des Klangs im Niederländischen besonders naheliegend erschien. Andere Wissenschaftler haben etwas andere Begriffe gewählt.

6 Baumeister, R. & Tierney, J. (2011). *Wilskracht.* Amsterdam: Nieuwezijds.

7 Crocker, J., Karpinski, A., Quinn, D. M. & Chase, S.K. (2003). „When grades determine self-worth: Consequences of contingent self-worth for male and female engineering and psychology majors.“ *Journal of Personality and Social Psychology,* 85: 507-516.

8 Mruk, C. (2006). *Self-Esteem Research, Theory and Practice. Toward a Positive Psychology of Self-Esteem.* New York: Springer Publishing Company. Wenn es um optimales Selbstvertrauen geht, darf Michel H. Kernis nicht fehlen. Er hat eine Theorie zum optimalen Selbstvertrauen entwickelt, die weitgehend mit Mruks Theorie übereinstimmt. Siehe dazu zum Beispiel: Kernis, M. H. (2003). „Toward a conceptualization of Optimal Self-Esteem.“ *Psychological Inquiry,* 14: 1-26. Meiner Meinung nach trägt Murks Quadrantensystem viel zur Verständlichkeit der Theorie bei, daher habe ich seine Darlegungen als Grundlage gewählt.

9 Enns, C. Z. (1992). „Self-esteem groups - a synthesis of consciousness-raising and assertiveness training." *Journal of Counseling and Development,* 71 (1): 7-13.

10 De Botton, A. (2004). *StatusAngst.* Frankfurt a. Main: Fischer.

11 Holmes, G. (2010). „Bad is stronger than good." *Psychologist,* 23 (11): 866-867.

12 Wood, J., Elaine Perunovic, W., & Lee, J. (2009). „Positive self-statements: Power for some, peril for others." *Psychological Science,* 20 (7): 860-6.

13 Pressman, E. (producer) & Harron, M. (director) (2000). *American Psycho* [Motion picture]. United States: Edward R. Pressman Film Corporation.

14 Rogan, J. (2007). *Shiny Happy Jihad.* Comedy Central Records.

15 Die Kapitel dieses Teils stützen sich auf: Korrelboom, K. & Ten Broeke, E.(2004). *Geïntegreerde cognitieve gedragstherapie. Handboek voor theorie en praktijk.* Bussum: Coutinho; und Ellis, A. (2006). *RET, een andere kijk op problemen.* Zaltbommel: Thema. (Es gibt zudem ein Workbook auf Englisch: *R.E.T. problem solving workbook* von Alan Baldon and Albert Ellis.) Siehe auch Fußnote 20.

16 Im Prinzip ist das eine Methode aus der Rational-Emotiven-Therapie (RET), einer Therapiemethode, die gleichzeitig mit der KVT (Kognitiven Verhaltenstherapie) entwickelt wurde. Die Unterschiede zwischen beiden sind so gering, dass es für dieses Kapitel wenig ausmacht, welche man verwendet. Ich halte sie daher hier nicht streng auseinander.

17 Fredrickson, B. L. (2001). „The role of positive emotions in positive psychology: The broaden-and-build theory of positive emotions." *American Psychologist,* 56: 218-226.

18 Davis, D. B. (2008). *Inhuman bondage: The rise and fall of slavery in the New World.* Oxford: Oxford University Press.

19 Butler, A. C., Chapmann, J. E., Forman, E. M. & Beck, A. T. (2006). „The empirical status of cognitive-behavioral therapy: A review of meta analyses." *Clinical Psychology Review,* 26: 17-31.

20 Die Kapitel dieses Teils stützen sich auf: Korrelboom, K. & Ten Broeke, E.(2004). *Geïntegreerde cognitieve gedragstherapie. Handboek voor theorie en praktijk.* Bussum: Coutinho; und Ellis, A. (2006). *RET, een andere kijk op problemen.* Zaltbommel: Thema. Siehe auch Fußnote 15.

21 Schwartz, S. H. (1992). „Universals in the content and structure of values: Theory and empirical tests in 20 countries." In: M. Zanna (Hg.), *Advances in experimental social psychology,* 25: 1-65. New York: Academic Press.

22 Lyubomirsky, S., Sheldon, K. M., & Schkade, D. (2005). „Pursuing happiness: The architecture of sustainable change." *Review of General Psychology,* 9 (2): 111-131.

23 Schwartz, B. (2004). *De paradox van keuzes.* Amsterdam: Het Spectrum.

24 Wijnants, N. (2008). *Het dertigersdilemma.* Amsterdam: Bert Bakker.

25 Ibarra, H. (1999). „Provisional selves: Experimenting with image and identity in professional adaptation." *Administrative Science Quarterly,* 44 (4): 764-791.

26 Veenhoven, R. (2002). „Leuk levenskunst." *Tijdschrift voor Humanistiek,* 1 (2): 13-19.

27 Greenberg, J. et al. (1992). „Why do people need self-esteem. Converging evidence that self-esteem serves an anxiety-buffering function." *Journal of Personality and Social Psychology,* 63 (6): 913-922.

28 Es gibt unzählige Theorien, die die Auswirkung unserer Überzeugungen auf unser Verhalten thematisieren. So etwa die Theorie des *planned behaviour* van Ajzen Icek und die *Selbstwirksamkeitstheorie* von Albert Bandura. Die hier formulierte Auffassung, dass sich Überzeugungen und Verhalten gegenseitig beeinflussen, bildet die Grundlage der Kognitiven Verhaltenstherapie.

29 Stajkovic, A.D. & Luthans, F. (1998). „Self-efficacy and work-related performance: A meta-analysis." *Psychological Bulletin,* 14: 209-230.

30 Ein lesenswerter Artikel über die verschiedenen Theorien zu Leistungen und Selbstvertrauen: Judge, T.A. et al. (2002). „Are measures of self-esteem, neuroticism, locus of control, and generalized self-efficacy indicators of a common core construct?" *Journal of Personality and Social Psychology,* 83: 693-710. In diesem Teil des Buches versuche ich die verschiedenen Theorien möglichst klar zusammenzufassen.

31 Seligman hat diese Studie zusammengefasst in: Seligman, M.E.P. (1990, 2006). *Learned optimism: how to change your mind and your life.* New York: Vintage. (Dt. [2002]: *Pessimisten küsst man nicht. Optimismus kann man lernen.* Müchen: Droemer Knaur) Hier geht er übrigens auch ausführlich auf die etwas bedenkliche ethische Problematik seiner Studie mit Hunden ein.

32 Brown, R.M. (1986). *The essential Reinhold Niebuhr.* New Haven: Yale University Press.

33 Seligman, Martin. (1998). *Learned Optimism.* New York: Pocket Books.

34 Bandura, A. (1969). *Principles of behavior modification.* New York: Holt, Rinehart and Winston.

35 Vgl. dazu vor allem die Studien von K. Anders Ericsson. Eine gute Zusammenfassung seiner Untersuchungen findet sich in: Ericsson, K. Anders et al. (2006). *The Cambridge handbook of expertise and expert performance.* Cambridge: Cambridge University Press.

36 Colvin, G. (2008). *Talent is overrated: what really separates world class performers from everybody else.* New York: Penguin.

37 Gladwell, M. (2010). *Überflieger. Warum manche Menschen erfolgreich sind und andere nicht.* München: Piper.

38 Bandura, A. (1993). „Perceived self-efficacy in cognitive development and functioning." *Educational Psychologist,* 28 (2): 117-148.

39 Sgengupta, K., Abdel-Hamid. T.K. & van Wassenhove, L.N. (2008). „The experience trap." *Harvard Business Review,* 86 (2): 94-101.

40 D'Zurilla, T. J. & Nezu, A. M. (2001). „Problem solving therapies." In K. S. Dobsen (Hg.), *Handbook of cognitive behavioral therapies,* (2): 211-245, New York: Guildford.

41 In den Niederlanden hat Ap Dijksterhuis einen Beitrag dazu verfasst in: Dijksterhuis, A. (2007). *Het slimme onbewuste.* Amsterdam: Bert Bakker. (Dt. [2010]: *Das kluge Unbewusste.* Stuttgart: Klett-Cotta.)

42 Locke, E. A. & Latham, G. P. (2002). „Building a practically useful theory of goal setting and task motivation: A 35-year odyssey." *American Psychologist,* 57 (9): 705-717.

43 Strack, F., Martin, L. & Stepper, S. (1988). „Inhibiting and facilitating conditions of the human smile: A nonobtrusive test of the facial feedback hypothesis." *Journal of Personality and Social Psychology,* 54: 768-777. PMID: 3379579.

44 Wolfe, C. T. & Crocker, J. (2003). „What does the self want? Contingencies of selfworth and goals." In Spencer, S. J, Fein, S., Zanna, M. P. & Olson J. M. (Hg.), *Motivated social perception: The Ontario symposium,* (9): 147-170. Hillsdale, NJ: Erlbaum.

45 Covington, M. V. (1984). „The self-worth theory of achievement motivation: Findings and implications." *Elementary School Journal,* 85: 5-20.

46 Dweck, C. S. (2000). *Self-theories: Their role in motivation, personality, and development.* Philadelphia: Psychology Press.

47 Conroy, D. E. (2001). „Progress in the development of a multidimensional measure of fear of failure: The Performance Failure Appraisal Inventory (PFAI)." *Anxiety, Stress, and Coping: An International Journal,* 14: 431-452.

48 Schwartz, T. Loehr, J. (2003). Die Disziplin des Erfolgs: von Spitzensportlern lernen - Energie richtig managen. München: Econ.

49 Duda, J. L., Likang, C., Newton, M. L., Walling, M. D., et al. (1995). „Task and ego orientation and intrinsic motivation in sport." *International Journal of Sport Psychology,* 26 (1): 40-63.

50 Spangenberg, F. & Lampert, M. (2011). *De grenzeloze generatie en de onstuitbare opmars van de B.V. IK.* Amsterdam: Nieuw Amsterdam.

51 Diener, E. & Biswas-Diener, R. (2002). „Will money increase subjective well-being?" *Social Indicators Research,* 57 (2): 119-169.

52 Mruk, C. (2006). *Self-Esteem Research, Theory and Practice. Toward a Positive Psychology of Self-Esteem.* New York, Springer Publishing Company.

53 Mead, G. E., Morley, W., Campbell, P. et al. (2008). „Exercise for depression." *Cochrane Database Systematic Review,* (4). CD004366.

54 Markoff, R. A., Ryan, P. & Young, T. (1982). „Endorphins and mood change in longdistance running." *Medicine and Science in Sports and Exercise,* 14: 11-15.

55 Butki, B. D., Rudolph, D. L. & Jacobsen, H. (2001). „Self-efficacy, state anxiety, and cortisol responses to treadmill running." *Perceptual Motor Skills,* 92 (3): 1129-1138.

56 Rohan, M. J. (2000). „A rose by any name? The values construct." *Personality and Social Psychology Review*, 4 (3): 255-277.

57 Ferriss, T. (2010). *The 4-hour body*. New York: Crown Archetype. (Dt. [2011]: *Der 4-Stunden-Körper: Fitter - gesünder - attraktiver - Mit minimalem Aufwand ein Maximum erreichen*. Riemann Verlag)

58 Sie hat ihre Studie ausgezeichnet dargestellt in: Dweck, C. S.(2007) *Selbstbild. Wie unser Denken Erfolge oder Niederlagen bewirkt*. Frankfurt: Campus. Originaltitel: Mindset: How You Can Fulfill Your Potential.

Auf dem Weg zum Ziel

240 Seiten, kart. • € (D) 24,90 • ISBN 978-3-87387-631-6

CORA BESSER-SIEGMUND

»Mentales Selbst-Coaching«

Die Kraft der eigenen Gedanken positiv nutzen

Die Autorin präsentiert eine Fülle von praktischen Anleitungen für eine zielorientierte Lebensweise. So erfahren die Leser, wie sie Strategien zur Bewältigung von alltäglichen Problemen entwickeln können und wie sie auf diese Weise gleichzeitig lernen können, störende Verhaltensweisen schrittweise zu verändern. Ebenfalls vermittelt wird, wie sich übermäßige Stressbelastungen mit Hilfe von mentalen Methoden reduzieren lassen und wie durch Trancetechniken die Wahrnehmung vertieft und wichtige Lebensziele verinnerlicht werden können. Dieses Buch stellt die besten Techniken zur bewussten Selbstorganisation, wie z.B. Visualisieren, NLP und Selbsthypnose vor.

Cora Besser-Siegmund ist Psychotherapeutin, Lehrtrainerin und Supervisorin. Seit über 20 Jahren erarbeitet sie in ihrem Institut im Herzen Hamburgs maßgeschneiderte Interventionen für ihre Klienten.

Ausführliche Informationen sowie weitere erfolgreiche Titel zum Thema finden Sie auf unserer Website.

www.junfermann.de

www.junfermann.de